맹자

EBS 오늘 읽는 클래식

맹자

우리는 어떤 통치자를 원하는가

한국철학사상연구회 기획 | 전호근 지음

EBS BOOKS

서문

오래전 한 시민단체에서 맹자를 강의하다가 사회주의자로 비난받은 적이 있었다. 당시 나는 내가 아니라 맹자가 사회주의자인 모양이라며 자못 비겁한 방식으로 도망쳤지만, 그런 비난이 부끄럽지는 않았다. 오히려 비난받지 못했다면 『맹자』를 읽은 보람이 없다고 스스로 부끄러워했을 것이다.

백성이 가장 존귀하고 사직이 그 다음이며 임금은 가벼운 존재라고 말한 데서 알 수 있는 것처럼, 맹자는 백성을 임금보다 소중한 존재로 보았다. 그는 그중에서도 하소연할 곳 없는 최약자들을 가장 사랑했다. 그가 말한 왕도는 천하에서 가장 곤궁한 이들을 먼저 보살피는 정치일 따름이다.

왕도와 혁명과 성선을 이야기하는 『맹자』는 오래전에도 금지된 책이었다. 인간의 악행이 극에 달했던 전쟁과 폭력의 시대에 한 치도 물러서지 않고 성선설을 주장했기에 순자로부터 순진한 이상주의자로 비판받았다. 또 절대 권력을 가차없이 비판하고 오로지 인의를 주장했기에 한비자에 의해 위험한 사상으로 배척받았다. 급기야 진나라에서는 옛것을 가지고 지금을 비난하는 불온한 책으로 지목되어 불태워지는가 하면, 공자와 함께 나란히 성인으로 인정받았던 송나라 이후에도 명나라 태조에 의해 불경스러운 책으로 지목되어 일부가 삭제되는 수난을 겪기도 했다.

권력자들의 탄압을 받았던 『맹자』는 수천 년 동안 혁명과 개혁을 꿈꾸는 모든 이들의 지지를 받았다. 송나라의 장재와 왕안석이 그랬고 조선의 삼봉 정도전과 다산 정약용이 그랬다. 정도전은 맹자에 입각해 역성혁명을 일으키고 새로운 왕조 조선의 정치 이념을 왕도로 확정했으며, 정약용은 비록 기회를 얻지 못했지만 맹자의 백리흥왕지도(百里興王之道)를 당대에 실현하고자 했다.

맹자를 존숭했던 당나라 한유는 성인의 도리를 살피고자 하는 자는 반드시 『맹자』로부터 시작해야 한다고 했지만, 나는 세상을 바꿀 뜻을 가진 이라면 반드시 『맹자』를 알아야 한다고 말하겠다. 지금의 세상에 만족한다면 굳이 『맹자』를 읽지 않아도 그만이겠다. 하지만 세상을 바꾸려는 마음이 있다면 『맹자』를 통해 어떻게 세상을 다스려야 하며 어떻게 불의에 저항할 것이며 어떻게 한 사람의 가치가 천하와 맞먹는지 살피지 않을 수 없다. 『맹자』는 더 나은 세상을 꿈꾸는 모든 이를 위한 책이다.

2022년 봄

미출재(未出齋)에서 전호근

차례

3장 철학의 이정표

일러두기

이 책에 수록한 『맹자』를 비롯한 동양 고전의 인용문은 모두 저자가 직접 번역했다.

1장

왕도와 혁명과 성선의 사상가, 맹자

우리는 어떤 통치자를 원하는가

맹자가 활동했던 시기는 중국 고대 주(周)나라를 중심으로 형성되었던 기존 질서가 붕괴되고 새로운 질서가 아직 수립되지 않았던 춘추전국시대(春秋戰國時代, 기원전 770~221)였다. 이때는 제후국 간의 잦은 전쟁으로 극도로 혼란한 상태였다. 이런 시기에 그는 천하를 돌아다니면서 당시 제후들과 자신의 제자들을 상대로 백성의 삶을 보살피는 인의(仁義)의 정치, 곧 왕도정치를 주장했다.

맹자는 당시 대부분의 제후들이 선호했던 부국강병이라는 국가 이익 중심의 통치 방식이 지닌 근본적 문제점을 지적한다. 국가의 통치자인 왕이 국가의 이익을 우선시하면 같은 논리로 국가에 속한 구성원들도 각자 자신의 이익을 우선시하게될 것이므로 결국 이익을 두고 끊임없이 다투는 악순환을 야기해 공동체가 필연적으로 붕괴할 수밖에 없다는 것이다.

이를 피하기 위해 맹자는 통치자가 백성의 삶을 최우선 순위에 두는 인정(仁政)을 펼침으로써 국가 구성원들이 인(仁)과 의(義)라는 가치를 중심으로 서로의 관계를 돈독하게 유지하도록 해야 한다고 이야기했는데, 이것이 바로 왕도론이다. 이처럼 맹자는 백성을 보살피는 인정, 곧 왕도정치의 실현이야말로 당시 혼란을 종식하고 평화로운 공존을 이끌어내는 유일한 길이며 이것이 통치자의 의무라고 주장했다. 아울러 맹자는 왕도정치의 의무를 저버린 군주에 대한 저항을 정당화하는 혁명론을 주장했는데, 이는 임금을 가장 존귀한 존재로 간주하는 기존의 인습적 관념에서 벗어나 백성을 가장 존귀한 존재로 바라보는 새로운 정치론이다.

한편 맹자는 사람이라면 누구나 사단(四端)이라는 보편적 감정을 지닌다는 사실을 근거로 모든 인간의 본성은 선(善)하다는 성선설을 주장했는데, 제후들과의 대화에서는 주로 왕도정치와 혁명론을 이야기했고 제자들과의 대화에서는 주로 성선설을 이야기했다. 하지만 혁명은 왕도의 의무를 저버린 군주에

맹자의 초상화. 원나라 때 제작된 『지성선현반신상(至聖先賢半身像)』(1330년경)에 수록.
출처: 대만 국립고궁박물관

대한 저항이고 왕도정치의 실현 가능성이 성선설에 근거한다는 점에서 이 세 가지 주장을 분리해서 볼 수는 없다.

　맹자의 주요 이론인 왕도론과 혁명론, 그리고 성선설은 다음과 같은 질문을 품고 있다.

왕도론: 누가 천하를 다스려야 하는가

맹자의 왕도론은 한 마디로 누가 천하를 다스려야 하는가를 두고 고민했던 당시 정치적 담론에 대한 유가 지식인의 응답이다. 그는 그때 권력자들이 선호했던 국가의 이익을 우선시하는 부국강병책은 국가를 구성하는 하위 조직의 분열을 조장한다고 지적했다. 그로 인해 개개인은 이익에 따라 이합집산하게 되어 궁극적으로는 국가를 떠받치는 관계의 단절을 가져옴으로써 국가를 붕괴시킨다고 보았으며, 인의를 중심으로 구성원들의 건강한 인간관계를 회복하면 국가를 구성하는 하위 조직의 연대와 협력을 통해 국가의 번영이 가능하다고 역설했다.

아울러 그는 물리적 힘의 우위에 의해 유지되는 정치 형태를 패도(霸道)라 지칭하고 인의에 입각한 덕치를 왕도(王道)라고 규정한 다음, "패도는 힘으로 인을 가장하고 왕도는 덕으로 인을 실천한다"는 명제를 제시해 패도의 한계를 비판하고 왕도를 지향했다.

맹자가 말한 왕도정치는 덕을 지닌 왕자의 정치라는 뜻으로 공자의 덕치 사상을 계승한 것이며 주(周)라 초기 문왕(文王)의 정치로 대표되는 인정의 실천을 의미한다. 그는 항산(恒産)

이 있으면 항심(恒心)도 있고 항산이 없으면 항심도 따라서 없어진다고 강조했다. 그런데 이런 주장은 생산 조건과 도덕심 유지의 상관관계를 명쾌하게 밝힌 것으로, 백성들이 자신이 처한 경제적 조건에 따라 도덕심을 발휘하기도 하고 그 반대로 움직이기도 한다는 점을 간파한 것이다. 그는 이런 논리를 바탕으로 당시 군주들에게 백성들의 일을 해치지 않고 보호하는 것이야말로 가장 중요한 정치적 목적이라고 강조함으로써 인정의 구체적 내용이 민생 구제에 있음을 분명히 했다.

혁명론: 누가 천하를 다스려서는 안 되는가

맹자는 당시 권력자들에게 왕도정치를 베풀고 백성들과 즐거움을 함께하는 여민동락(與民同樂)을 실천하라고 권고했다. 한편, 그렇게 하지 않을 경우에는 군주의 자리를 바꾸는 혁명이 정당화될 수 있다고 경고했는데, 그것이 바로 혁명론이다. 곧 왕도론이 누가 천하를 다스려야 하는가에 대한 논의라면, 혁명론은 누가 천하를 다스려서는 안 되는가에 대한 논의다.

그는 설사 군주라 하더라도 백성들의 신뢰를 잃어버리면 필부에 지나지 않는다는 논리를 근거로 당시 권력자들에게 인정의 실현을 촉구하는 한편, 역사상 혁명을 일으킨 인물로 기록된 탕왕(湯王)이나 무왕(武王)을 전면적으로 정당화하는 혁명론을 제기했다. 신하로서 군주를 시해한 것이 타당하냐는 제(齊)나라 선왕(宣王)의 질문에, 맹자는 탕임금이 걸왕(桀王)을 쫓아냈고 무왕이 주왕(紂王)을 친 것은 신하로서 임금을 해친 것이 아니라 지극히 어진 성군이 지극히 불인한 폭군을 주벌한 것으로 필부를 죽인 것일 뿐 임금을 죽인 것이 아니라고 대답함으로써 혁명의 정당성을 전면적으로 인정했다.

뿐만 아니라 그는 당시 군왕들에게 백성들을 사랑하는 인정을 베풀지 않고 폭정을 일삼아 백성들이 '너 죽고 나 죽자'는 심정이 되면 비록 호화로운 누대나 연못이 있다 하더라도 군왕이 홀로 즐길 수 없다고 지적하고 고대 폭군이었던 걸왕을 그 예로 들면서 혁명의 가능성을 경고했다. 아울러 군왕이 백성들의 근심을 자기 근심으로 삼고 백성들의 즐거움을 자신의 즐거움으로 여기면 백성들 또한 군왕의 즐거움을 즐기고 군왕의 근심을 근심할 것이라고 하면서 인정을 권고했다.

맹자의 혁명론은 혁명의 주체 세력을 백성으로 본 것이 아니라 또 다른 지배자에 의한 권력 이동으로 본다는 점에서 백성들을 정치 주체로 보는 데까지 나아가지 못했다는 일정한 한계를 지닌다. 그러나 이전까지 거의 무시되어왔던 백성들에 대한 정치적 고려가 적극적으로 논의된다는 점에서 당시로서는 대단히 진보적인 사상이었다.

성선설: 인간의 본성은 선한가 악한가

맹자는 당시 군주들을 만날 때마다 왕도정치 이념을 제시하면서 그것이 반드시 실현 가능하다고 주장했다. 이를테면 제나라 선왕을 만났을 때 맹자는 선왕처럼 소 한 마리를 사랑하는 마음이면 충분히 백성들을 사랑해 사해를 보존할 수 있다고 주장했는데, 그것은 모든 인간은 남을 사랑하는 마음 곧 어진 마음을 가진다는 성선설에 근거한다.

그는 사람들이 지닌 네 가지 마음, 곧 불쌍히 여기는 마음, 부끄러워하는 마음, 양보하는 마음, 옳고 그름을 가리는 마음을 인의예지(仁義禮智)를 구현할 수 있는 네 가지 실마리, 곧 사단으로 규정하고 사단이 없으면 사람이 아니라고 주장했다. 이 같은 주장은 인간의 현실적 악행 여부를 떠나 모든 인간은 본질적으로 선한 존재라고 규정한 것으로, 사실상 왕도로 표현되는 덕치주의의 현실적 가능성을 주장하기 위한 형이상학적 근거라고 할 수 있다. 왜냐하면 인간의 본성을 악의적으로

고자

고자(告子, 생몰년 미상)는 전국시대 제나라의 철학자이다. 맹자와 같은 시대에 활동하면서 인간의 본성을 두고 맹자와 논쟁을 펼쳤다. 인간의 본성은 선하지도 악하지도 않다는 주장, 인간의 본성은 환경에 따라 결정된다는 주장, 인간의 본성에는 선과 악이 공존한다는 주장, 본성이 선한 사람도 있고 본성이 악한 사람도 있다는 주장 등을 펼치며 맹자의 성선설에 반대했다. 자신의 주장을 여러 차례 번복해 이론의 완성도는 높지 않지만 맹자로 하여금 성선설을 보다 정교한 이론으로 정리하게 했다는 점에서 전국시대 인성 이론의 형성에 기여했다.

파악할 경우 왕도나 덕치의 근거가 사라질 수밖에 없기 때문이다. 이후 인간의 본성을 악한 것으로 파악한 순자(荀子, 기원전 298?~238?)나 법가(法家)의 사상가들에게서는 더 이상 덕치의 가능성을 찾아볼 수 없다는 점에서도 이 점은 확인된다. 맹자의 성선설은 인간의 도덕성에 대한 확신을 보여준다는 점에서 그 자체로 공자의 정신을 계승한 것이다.

그는 고자(告子)와의 논쟁을 통해 당시 인간 본성에 관한 여러 가지 견해를 모두 물리치고 성선설을 확립한다. 이를테면 인간의 본성은 선악으로 나눌 수 없다는 주장, 어떤 사람의 본성은 선하고 어떤 사람의 본성은 악하다는 주장, 인간에게는 선성과 악성이 혼재한다는 주장, 인간의 본성이 악하다는 주장 등을 모두 비판하고 인간의 본성은 오로지 선하다는 입장을 끝까지 견지했다. 이는 낙관적 인간관이라 할 수 있는데, 이후 대부분의 유가 학자들은 맹자의 이 견해를 따라 성선설을 인간관의 기본으로 삼았다.

성선설을 중심으로 한 맹자의 인간관은 인간 스스로의 노력에 따라 얼마든지 바람직한 인간상에 도달할 수 있다는 확신에서 비롯된 것이다. 맹자는 이를 토대로 덕치를 근간으로 한 왕도정치를 주장함으로써 물리적 강제력에 의존한 패도정치의 한계를 비판할 수 있었다.

인간에 대한 흔들리지 않는 신뢰

맹자는 지금부터 약 2,400여 년 전 중국 전국시대에 태어
나 활동했던 철학자로 이름은 가(軻)이고, 자(字)는 거(車)이다.
자(字)란 이름을 함부로 부르지 않고 보호하기 위해 이름 대신
부르는 일종의 별명이다. 그런데 맹자의 이름과 자를 나타내
는 글자를 잘 살펴보면, 별명인 자는 수레를 뜻하는 거(車) 자이
고 이름에도 수레 거(車) 자가 붙어 있다. 이 이름처럼 맹자는
평생 동안 수레를 타고 온 천하를 돌아다니며 자신과 같은 생
각을 가진 임금을 찾아다녔다. 아마도 맹자는 평생 동안 자신
의 집에 머문 시간보다 수레를 타고 돌아다닌 시간이 더 많았

을 것이다. 그래서 당나라 때 문장가였던 한유(韓愈, 768~824) 같은 학자는 맹자를 두고 철환천하(轍環天下), 곧 타고 다닌 수레의 바퀴자국이 온 천하를 돌았다고 말했다. 그런가 하면 공언무시(空言無施), 곧 빈말만 요란했지 실제로 한 일은 없다고 이야기하기도 했다. 그의 말대로 맹자는 평생 동안 수레를 타고 천하를 돌아다니며 당시 임금들과 대화했지만 관리로 등용되어 나라를 다스릴 기회는 얻지 못했다. 그 때문에 그의 업적으로 거론할 만한 것이라고는 기껏 『맹자』라는 책을 남긴 것뿐이다. 하지만 『맹자』를 남긴 것은 다른 사람들이 나라를 다스린 것보다 더 중요하다. 그가 주장한 왕도정치론은 수천 년 동안 동아시아 지식인들이 추구했던 이상으로 받아들여질 정도로 큰 힘을 발휘했기 때문이다.

맹자는 훗날 공자와 함께 성인으로 찬양받았음에도 당시 군주들에게는 인정받지 못했다. 그 이유는 당시 군주들의 욕망에 따르지 않았기 때문이다. 아니 따르지 않았을 뿐만 아니라, 오히려 그렇게 하는 것을 치욕으로 여겼다. 그 때문에 그는 평생 동안 자신의 가치를 알아줄 군주를 찾아 제후국을 전전했다. 당시 군주들이나 지식인들은 물론이고 제자들까지도 맹자를 원칙만 고집하는 깐깐한 사람으로 치부했다. 그 때문에 맹자는 끝내 벼슬길에 나아가지 못했다.

중국 산둥성 추현에 있는 맹부.

맹자는 기원전 289년 주나라 난왕(赧王) 26년에 84세를 일
기로 세상을 떠났다. 기록에 따르면 맹자는 맹중자(孟仲子)를 비
롯한 많은 제자들과 추읍의 백성들이 애도하는 가운데 자신의
고향 사기산 기슭에 묻혔다. 그날이 마침 동짓날이어서 그 지
역 백성들은 맹자의 죽음을 애도하기 위해 동짓날에 잔치하면
서 노는 풍습을 없앴다고 하는데 그것이 새로운 풍속이 되어
지금까지 이어졌다고 한다.

맹자가 세상을 떠난 지 200여 년 뒤 전한(前漢)의 유학자 양
웅(揚雄, 楊雄, 기원전 53~기원후 18)은 "맹자로 인해 성인의 도가 지
켜질 수 있었다"고 그를 높이는가 하면 처음으로 『맹자』를 주

조선시대에 간행된 『맹자언해』.
출처: 국립중앙박물관

석했던 후한(後漢)의 유학자 조기(趙岐, ?~201)는 "제왕이 맹자를 읽으면 치세를 이룩할 것"이라고 했다. 또 900여 년의 시간이 흐른 당나라 시대에 이르러서는 대문장가 한유가 "성인의 도를 알고 싶다면 모름지기 『맹자』부터 읽어야 한다"고 하는가 하면 "맹자의 공로는 고대의 성왕인 우임금에 뒤지지 않는다"고까지 극찬했다.

맹자가 세상을 떠난 지 1,300여 년이 흐른 송나라 시대에 이르러 맹자는 공자와 나란히 성인으로 존경받는 위치에 오른다. 이 시기에 비로소 맹자 사당이 따로 건립되고 대대로 제사를 지내게 된다. 또 주희 같은 철학자가 『논어』, 『대학』, 『중용』

주희

주희(朱熹, 1130~1200)는 동아시아 중세를 대표하는 철학자로 남송 사람이다. 바로 이전 시대인 북송 시대에 주돈이·소옹·장재·정호·정이 등의 철학자들이 연이어 등장하면서 인간의 심성과 우주의 원리를 통합해서 사유하는 이른바 성리학의 시대가 펼쳐졌는데 이들의 학문을 집대성한 철학자가 바로 주희다. 그 때문에 성리학을 주자학이라 부르기도 한다. 그의 학문은 '새로운 내용의 유학'이라는 뜻에서 신유학(新儒學, Neo-Cofucianism)이라고도 하는데, 주자학이 이전 시기의 훈고학적 유학을 비판하면서 새로운 학술 경향을 열었기 때문이다. 또 다른 이유는, 주자학이 당시까지 성행하던 세계와 인간에 대한 도교와 불교의 이론을 한편으로는 수용하면서 다른 한편으로는 배척함으로써 학술의 지형을 크게 바꾸었기 때문이다.

과 함께 『맹자』를 이른바 사서 속에 포함함으로써, 이 책은 『논어』와 함께 유학의 가장 중요한 경전으로 존중받게 되었다.

물론 『맹자』가 역사 속에서 환영만 받았던 것은 아니다. 특히 혁명론과 같은 내용은 전제 군주 시대에는 탄압받기 딱 좋은 내용이었다. 그래서 당나라 태종 이세민(李世民)은 "맹자가 다시 살아난다면 그냥 두지 않겠다"고 벼르는가 하면, 명나라 태조 주원장(朱元璋)은 『맹자』를 읽어보고 나서 "맹자 사당의 제사를 중단하고 책을 불태우라!"고 신하들에게 압력을 넣기도 했다. 물론 신하들의 반대로 그런 일은 일어나지 않았지만 『맹자』에서 혁명론을 비롯해 당시 권력자들에게 불리한 내용은 빼버리고 따로 편집한 『맹자절문』이라는 요약본이 나타난 것은 그런 탄압 때문이었다.

하지만 『맹자』는 그런 탄압 속에서도 여전히 생명력을 유지했으며 지금에 이르러서는 전 세계인이 함께 읽는 대표적 동양 고전으로 전해진다. 따라서 맹자는 당시 구체적 현실 속에서는 패배했을지 몰라도 역사 속에서는 승리했던 인물이라 할 수 있다.

맹자가 활동했던 춘추전국시대는 기존 질서의 붕괴라는 점에서 천하대란의 시대라 할 수 있다. 하지만 동시에 새로운 질서의 수립을 위해 수많은 사상이 출현하고 서로 경쟁하며 새로운 문화를 창조했다는 점에서 백가쟁명(百家爭鳴), 백화제방(百花齊放) 시대로 불리는 문화의 황금기였다.

춘추전국시대는 기원전 11세기 이래 거의 400년 가까이 중국을 지배해왔던 주나라의 봉건 질서가 무너지고 봉건 귀족이 아닌 평민 출신의 지식인 엘리트, 곧 사(士) 중심의 중앙 집권적 관료제가 태동한 시기였다. 이 같은 변화의 배경에는 기원전 8세기 무렵부터 시작된 과학기술의 비약적 발전과 함께 토지 사유화의 진행이라는 중대한 경제적 변화가 있다. 곧 철제 농기구 제작, 이랑 재배와 우경(牛耕), 관개 수로 발달, 새로운 교통 수단 개발 등 과학기술의 발전은 농업 생산력의 급격한 성장을 가져왔을 뿐만 아니라 이전까지 고립된 상태로 단절되어 있었던 각 제후국 간의 교류를 촉진시켜 바야흐로 경쟁 시대가 도래하게 했다. 또 토지에 관한 사적 소유의 진행은 천자보다 강한 제후, 제후보다 강한 대부의 출현을 가능케 함으로써 기존 종법 질서의 근간을 뿌리부터 흔드는 결과를 가져왔다. 이들 신흥 세력들은 자신들의 목적을 효과적으로 달성하기 위해 혈연이나 지연에 얽매이지 않고 새로운 지식인들을 발탁해 관료로 기용했는데 그들이 바로 제자백가(諸子百家)이다.

아울러 토지 개간과 생산 증대에 반드시 필요한 노동력 제공자로 민(民)의 중요성이 그 이전 시기에 비해 획기적으로 증대되었다. 이 민의 역할에 주목하면서 이들의 안녕을 보장하고 그로 인해 획득된 자발적 협력을 바탕으로 새로운 공동체적 질서를 수립하려는 사상가들이 등장했는데 그들이 바로 훗날 유가학파의 대표 철학자로 불리는 공자, 맹자, 순자이다. 이들은 동시대 다른 지식인(士)들과 마찬가지로 특정 국가나 귀족에게 예속되지 않고 자유롭게 여러 나라를 돌아다니면서 자신과 동일한 정치적 지향을 가진 제후들을 찾기 위해 노력했으며 그 과정에서 새로운 시대적 가치를 수렴하는 독특한 사상을 구성했다.

"임금의 푸줏간에는 살진 고기가 가득하고, 임금의 마구간

제자백가

제자백가(諸子百家)는 춘추전국시대에 활동한 철학자들을 총칭하는 말이다. 제자(諸子)는 여러 철학자들이라는 뜻이고 백가(百家)는 수많은 학파라는 뜻이다. 제자백가 중에서 가장 비중이 높은 네 개의 학파를 들자면, 공자나 맹자, 순자를 비롯한 유가, 묵적을 중심으로 세력을 형성한 묵가, 그리고 상앙과 한비자를 중심으로 한 법가, 노자와 장자로 대표되는 도가가 있다. 이들은 모두 당대를 혼란기로 파악하고, 어떻게 하면 혼란을 극복할지 고민했다는 점에서 동일한 지향을 가졌지만, 혼란을 극복하는 방법은 각각 달랐다. 유가는 삶의 원칙과 행위의 규범을 확립함으로써 혼란을 극복할 수 있다고 생각했기 때문에 인의예지와 같은 도덕률을 강조했고, 묵가는 유가의 규범이 차별적이라고 지적하면서 평등하고 공정한 규범, 곧 겸애(평등한 사랑)와 교리(상호 이익)를 실천해야 한다고 주장했다. 이어서 법가는, 유가와 묵가의 규범이 아름답기는 하나 타인의 행위를 강제할 수 없다는 점에서 현실적 한계가 있다고 판단하고 규범을 강제적인 법률로 성문화함으로써 혼란을 극복하려 했다. 도가는 여러 학파들이 주장한 규범은 상대적 가치이며 진리가 아닐 뿐 아니라 실은 지배세력에 복무하는 이데올로기에 지나지 않는다고 비판했다.

에는 살진 말이 가득한데, 백성들에게는 굶주린 기색이 역력하고, 들판에는 굶어 죽은 시체가 널려 있다. 이것은 짐승을 몰아다 사람을 잡아먹는 것이다." 이 문장은 『맹자』의 한 대목으로, 양(梁)나라 혜왕(惠王)을 만났을 때 맹자가 한 말이다. 맹자는 왜 이처럼 당시 지배자와 백성들의 삶을 극명하게 대비했을까? 진정한 실패는 생산이 부족한 것이 아니라 생산이 충분한데도 굶주리는 데 있다는 사실을 알려주기 위해서다.

공자의 초상화. 원나라 때 제작된 『지성선현반신상』에 수록.
출처: 대만 국립고궁박물관

맹자가 살았던 시대는 이전보다 생산력이 수백 배 늘어난 풍요의 시대였지만 백성들의 삶은 나아지기는커녕 생존을 유지하기도 어려웠다. 자고 나면 전쟁이 일어나는 폭력의 시대였기 때문이다. 이런 시대에 맹자는 여러 나라의 임금들을 찾아다니며 백성을 사랑하는 정치인 왕도를 권고하고 혁명을 경고하고 성선설을 주장했다.

왕도정치란 가난하고 외로운 사람부터 보살피는 정치다. 혁명이란 무엇인가? 맹자는 "백성이 가장 중요하고, 나라가 그 다음이고, 임금은 가장 가벼운 존재다. 임금이 나라를 위태롭게 하면 임금을 바꾸고, 사직이 제 역할을 못하면 사직을 갈아 엎는다"고 했다. 임금답지 못한 임금을 갈아치우는 것이 혁명이다. 이 세상에 통치자와 나라가 있는 이유는 오직 백성을 살리기 위해서일 뿐이라는 단호한 목소리가 들린다.

폭력이 난무하던 혼란의 시대, 전쟁의 한가운데에서 맹자는 한 치도 물러서지 않고, 모든 사람의 본성은 착하다는 성선설을 주장했다. 사람이라면 누구나 남에게 차마 하지 못하는 마음을 지닌다는 것이다. 강렬한 시대정신이 있으며, 세상을 향한 뜨거운 열정을 담고, 무엇보다 인간에 대한 흔들리지 않는, 깊은 신뢰를 느낄 수 있는 책이『맹자』다.

맹자의 두려움

　맹자의 어린 시절은 힘겨웠다. 아버지는 일찍 세상을 떠났고 어머니는 살길을 찾아 그를 데리고 이곳저곳 전전했다. 그가 본 세상은 끔찍했다. 들에는 굶어 죽은 시체가 널려 있었다. 짐승을 몰아 사람을 잡아먹는 세상이었다. 그는 두려웠다. 너무 많은 사람이 너무 쉽게 죽어가고 있었다. 이대로라면 마침내 사람이 사람을 잡아먹을 것이다. 폭력의 정치가 빚어낸 참혹함 앞에서 그는 사람을 중시하는 정치를 펼쳐야 천하를 구제할 수 있다고 생각했다. 그렇다면 누가 천하를 다스려야 하는가. 사람 죽이기를 좋아하지 않는 자, 폭력을 멀리하고 덕을 숭상하는 자가 천하를 다스려야 한다. 왕도론(王道論)의 탄생이다. 왕도는 가난하고 외로운 사람들, 가장 낮은 곳에 있는 백성의 삶을 먼저 보살피는 정치였다. 그는 수레를 타고 천하를 돌아다니며 왕도를 펼칠 수 있는 임금을 찾아다니기 시작했다.

마침 양(梁)나라 혜왕(惠王)이 그를 불렀다. 왕은 그가 도착하자마자 대뜸 이렇게 물었다. "앞으로 어떻게 우리나라를 이롭게 해주시겠습니까?" 그는 대답했다. "왕은 어찌 이익을 말씀하십니까? 인의(仁義)가 있지 않습니까? 왕께서 자기 나라의 이익을 바라면 대부는 자기 집안의 이익을 바라고 백성은 제 몸의 이익을 바라게 될 터이니 결국 위아래가 모두 이익을 다투어 나라가 위태로워질 것입니다." 그가 생각하기에 인의를 뒤로 하고 이익을 앞세우면 약자의 삶이 짓밟히는 비정한 세상이 만들어질 뿐이었다. 혜왕은 알아듣지 못하고 세상 물정 모르는 어리석은 자의 말이라 여겼다.

어느 날 혜왕은 그를 화려한 별궁으로 초대했다. 혜왕의 별궁은 울창한 숲속에 있었다. 높고 화려한 누대 아래 드넓은 못이 펼쳐져 있는데, 못가에는 백조와 기러기가 느긋하게 날아오르고 고라니와 사슴이 한가로이 풀을 뜯고 있었다. 그가 도착하자 혜왕은 그런 풍경을 돌아보며 그에게 물었다. "당신 같은 현자도 이런 걸 즐깁니까?" 그는 대답했다. "현자라야 이런 걸

즐길 수 있습니다. 당신 같은 자들은 이런 걸 가지고 있어도 즐기지 못합니다."

그 무렵 제나라 선왕이 끌려가는 소를 보고 불쌍히 여겨 풀어주었다는 이야기가 전해졌다. 그는 그런 마음을 가진 왕이라면 왕도에 뜻이 있을지 모른다는 기대를 안고 제나라로 갔다. 선왕은 소식을 듣고 그를 불러 제나라 환공과 진나라 문공의 패도에 관해 아는 게 있는지 물었다. 하지만 그는 선왕의 물음에는 대답하지 않고 왕도를 펼치면 천하에 적이 없을 것이라고 권했다. 선왕이 관심을 보이며 어떻게 하는 것이 왕도냐고 묻자 그는 이렇게 대답했다. "늙어서 아내 없는 이를 '홀아비'라 하고, 늙어서 남편 없는 이를 '과부'라 하며, 늙어서 자식 없는 이를 '홀로 사는 사람'이라 하고, 어려서 부모 없는 이를 '고아'라 합니다. 이 네 부류의 사람들은 천하에서 가장 가난하고 하소연할 곳 없는 사람들입니다. 옛날 주나라 문왕이 왕도를 펼 때 이 네 부류의 사람들을 먼저 보살폈습니다. 문왕처럼 가난하고 외로운 사람들을 먼저 보살피는 것이 왕도입니다."

선왕은 자신처럼 덕이 부족한 사람도 왕도를 펼칠 수 있느냐고 물었다. 그가 할 수 있다고 대답하자 선왕은 다시 무슨 근거로 그렇게 이야기하느냐고 물었다. 그는 선왕이 끌려가는 소를 불쌍히 여겨 풀어준 이야기를 전해들었다며 한 마리 소를 불쌍히 여길 줄 아는 마음가짐이라면 왕도를 베풀기에 충분하다고 대답했다. 선왕이 기뻐한 것도 잠시, 그는 다시 이렇게 이야기했다. 소는 그토록 아끼면서 어째서 백성은 사랑하지 않느냐고.

어느 날 선왕이 훌륭한 신하는 어떤 사람이냐고 묻자 그는 이렇게 대답했다. "훌륭한 신하는 임금이 잘못을 저지르면 말리고, 세 번 말려도 듣지 않으면 임금을 바꿉니다." 안색이 붉어진 선왕이 다시 은나라의 탕임금은 자신의 임금이었던 걸왕을 죽이고 스스로 왕이 되었고, 주나라 무왕은 자신의 임금이었던 주왕을 쫓아내고 스스로 왕이 되었는데, 신하로서 임금을 죽이는 일이 옳으냐고 물었다. 그는 이렇게 대답했다. "그저 한 놈 주를 죽였다는 이야기는 들었어도 임금을 시해했다는 이야기는 듣지 못했습니다." 임금이 임금답지 못하면 바꾸어야 한다는 혁명론의 탄생이다.

한번은 추(鄒)나라 목공(穆公)이 그에게 하소연했다. "노나라와 전쟁을 벌였는데 관리들은 서른세 명이나 싸우다 죽었는데 백성은 한 명도 죽지 않았습니다. 백성을 죽이자니 이루 다 죽일 수 없고 그냥 두자니 윗사람이 죽는 걸 보고도 구하지 않은 그들이 괘씸합니다." 그는 이렇게 대답했다. "임금께서는 백성을 탓하지 마십시오. 흉년이 들어 굶주리던 시절에 당신의 창고에는 재물과 곡식이 가득 차 있었지만 신하들 중 아무도 창고를 열어 백성을 구제하라고 말씀드리지 않았습니다. 이것은 윗사람이 태만해 백성들을 죽인 것이니 이런 때에 이르러 백성이 보복한 것입니다."

맹자는 통치자의 폭정에 대한 백성의 저항권을 인정했던 것이다.

한 사람의 가치는 천하와 같다

맹자의 간절한 소망에도 불구하고 시대는 맹자를 원하지
않았다. 천하는 바야흐로 전쟁과 폭력으로 치닫고 있었다. 진
(秦)나라는 상앙(商鞅, 기원전 390~338)을 재상으로 등용해 부국강
병을 추구했고 제(齊)나라는 손빈(孫臏, 기원전 382~316)와 전기(田
忌, 기원전 385~315) 장수로 삼아 이웃 나라를 공격했으며 위(魏)나
라와 초(楚)나라는 오기(吳起, 기원전?~381)를 등용해 전쟁에서 이
기고자 했다. 강자는 약자를 억압하고 약자는 속임수로 맞대응
하는 시대였기에 대다수 지식인들은 인간의 본성이 악하다고
개탄했다. 하지만 그는 조금도 물러서지 않고 모든 인간은 예

외 없이 선한 본성을 타고났다고 힘주어 이야기했다. 인간에 대한 믿음을 끝내 거두지 않았던 것이다.

그는 사람에게는 누구나 남에게 차마 하지 못하는 마음이 있다며 이렇게 이야기했다. 지금 어떤 사람이 갑자기 어린아이가 우물에 빠지는 것을 보면 그가 누구든 깜짝 놀라고 불쌍히 여기는 마음을 일으킨다. 이런 마음이 일어나는 까닭은 어린아이의 부모와 잘 지내고자 하거나, 사람들의 칭찬을 바라기 때문이거나, 구해주지 않았다는 비난이 싫어서가 아니다. 사람이라면 누구나 측은지심(惻隱之心)을 가지고 있기 때문이다. 측(惻)은 다른 사람의 마음을 헤아린다는 뜻이고 은(隱)은 은통(隱痛), 곧 고통을 가리키는 말로, 측은지심은 다른 사람의 고통을 나의 고통으로 여기는 마음이다. 그에게 왕도란 단지 이런 마음을 베풀어 백성의 삶을 구제하는 정치일 뿐 별다른 것이 아니었다.

맹자는 양(梁)나라와 제(齊)나라를 거쳐 등(滕)나라, 노(魯)나라, 추(鄒)나라에 이르기까지 온 천하를 돌아다니며 측은지심을 가진 군주를 찾았으나 늙어갈 때까지 뜻이 맞는 군주를 만나지 못했다. 그는 마침내 물러나 제자들을 가르치면서 그들과 함께 고대로부터 전해 내려오는 시서와, 공자의 뜻을 이어 자신의 말을 책으로 남겼다.

그는 백이(伯夷)의 청렴과 이윤(伊尹)의 책임, 유하혜(柳下惠)의 화합을 모두 높이 평가했지만 각각의 도리를 때에 맞게 실천한 공자의 도를 동경했다. 어느 제자가 세 사람의 도리에 대해 묻자 그는 이렇게 대답했다. 백이는 올바른 임금이 아니면 섬기지 않았으니 청렴한 사람이다. 이윤은 나쁜 임금도 마다하지 않고 섬겼으니 세상을 책임진 사람이다. 공자는 벼슬할 만하면 벼슬하고 떠날 만하면 떠났으니 때에 맞게 처신한 성인이다. 세상과 마주하는 그들의 도리는 이렇게 달랐지만 인(仁)을 추구한 것만은 같았다. 그들 모두 한 목숨을 죽여 천하를 구제할 수 있다 하더라도 하지 않았노라고.

그에게 한 사람의 백성은 천하와 맞먹는 가치를 지니고 있었다. 그는 이렇게 말했다. 천자의 마음을 얻으면 한 나라의 임금이 되고 임금의 마음을 얻으면 대부가 되며 백성의 마음을 얻으면 천자가 된다. 따라서 백성이 가장 존귀하고 나라의 상징인 사직이 그 다음이며 임금은 가벼운 존재다. 임금이 나라를 위태롭게 하면 바꿔야 하고 희생과 곡식을 갖추고 때맞춰 제사를 지냈는데도 홍수나 한발이 일어나면 사직을 갈아엎고 다시 세워야 한다고. 그에게는 그 어느 것도 한 사람의 백성보다 존귀하지 않았다. 그의 천하는 낮은 곳에 있는 한 사람의 백성과 다른 것이 아니었다.

맹자의 어머니는 왜 세 번이나 이사했을까

　맹자라고 하면 맹모삼천(孟母三遷)이라는 옛이야기를 떠올릴 사람이 많을 것이다. 맹모삼천은 맹자의 어머니가 교육을 위해 세 번 이사했다는 이야기다. 처음에 무덤가로 이사했더니 맹자가 죽은 사람 장사지내는 흉내만 내고 놀기에 이곳은 내 아이를 기를 만한 곳이 아니라고 생각해 시장터로 이사했다. 그랬더니 이번에는 맹자가 물건을 사고파는 흉내를 내면서 놀았다. 그 모습을 본 맹자의 어머니는 이곳도 자식을 키우기에 적당하지 않다고 생각해 마지막으로 학교 근처로 이사했다. 맹자가 이번에는 학교에서 공부하는 흉내를 내면서 놀았다. 맹자의 어머니는 이곳이야말로 자식 교육에 합당한 곳이라고 생각해 그 곳에 정착했고, 덕분에 맹자는 훌륭한 사람으로 성장했다는 이 야기다. 유향(劉向)의 『열녀전』에 보이는 이 이야기로 인해 맹자의 어머니는 자식 교육에 관심을 가진 현명한 어머니의 대표로 지금까지 세상의 칭송을 받는다.

하지만 이 이야기는 맹자가 세상을 떠난 지 몇백 년도 더 지난 뒤에 꾸며낸 이야기다. 더욱이 이 이야기는 맹자의 사상과 맞지도 않다. 무엇보다 맹자는 환경이 인간의 모든 것을 결정한다고 주장하는 환경결정론자가 아니다. 그는 오히려 모든 사람의 본성은 착하기 때문에 환경에 의해 일시적으로 오염되었다 하더라도 본성의 선(善)은 변함이 없다며 성선설을 주장했다. 그렇기에 자식의 바람직한 교육을 위해 주변 환경이 좋은 곳으로 이사하는 방식에 찬성하지 않았을 것이며 오히려 무덤가에 살든 저잣거리에 살든 모든 아이들이 훌륭한 교육을 받게 해야 한다고 주장했을 것이다. 물론 이 이야기의 주인공은 맹자가 아니라 맹자의 어머니이며, 맹자의 어머니와 맹자의 가치관은 다를 수 있다. 하지만 맹자는 세상을 바꾸려 했던 사람이다. 자신이 사는 곳이 바람직한 교육 환경이 아니라고 판단했다면 자신이 사는 곳의 환경을 바꾸려고 노력했을 사람이지, 좋은 학군을 찾아서 이사를 가는 방식으로 문제를 회피할 사람이 아니라는 것이다.

유향(劉向)의 『열녀전』에 보이는 이 이야기는 전통적으로는 교육에서 차지하는 환경의 중요성을 강조하는 맥락으로 이해 해왔지만 공동체의 관점에서 보면 한계가 뚜렷하다. 환경이 나쁠 때 환경을 개선할 생각은 않고 제 자식만 좋은 환경으로 이사하는 일은 졸렬한 발상이기 때문이다. 임금이 임금답지 않으면 바꿔야 한다며 혁명론을 주장했던 맹자의 사상과 어울리지 않음은 말할 것도 없다.

최근에는 현대적 해석이랍시고 이야기가 산으로 간다. 이를테면 맹자 어머니가 무덤가에 살았던 것은 자식으로 하여금 삶과 죽음의 문제를 성찰하게 하려고 그랬던 것이고, 저잣거리에서 살았던 까닭은 시장의 원리를 깨우치기 위해서였다는 식인데, 다 엉뚱한 이야기다. 남편 없이 혼자 자식을 키우다 보니 먹고 살기 힘들어 어떻게든 살아보려고 이곳저곳을 전전한 것이 맹모삼천의 실상일 것이다. 따라서 맹모가 나오지 않는 세상이 오히려 좋은 세상이다.

게다가 이 이야기에는 사실상 맹자가 출세한 사람으로 묘사되어 있는데 맹자는 살아서 출세한 인물이라고 평가하기는 어렵다. 오히려 세상을 떠난 다음 널리 알려진 철학자이다. 그가 오랜 세월 동안 사람들에게 존경받는 이유도 권력자로 출세했기 때문이 아니라, 세상을 향한 뜨거운 관심과 인간에 대한 근본적 신뢰를 통해 오랫동안 사람들을 매료시킨 철학자였기 때문이다. 따라서 맹모삼천은 맹자의 진정한 면모를 보여주는 일화로는 부적격이라 할 수 있다.

이제부터 맹자와 함께 수레를 타고 천하를 돌아다녀보자. 만나는 사람들은 당시 임금들이다. 그들은 맹자에게 무슨 이야기를 했으며 맹자는 또 그들에게 뭐라고 대답할까? 만약 여러분이 맹자라면 그들에게 어떤 이야기를 하고 싶은가? 맹자와 함께 지금 정치인들에게 하고 싶은 이야기도 함께 생각해보자.

2장

『맹자』 읽기

맹자의 꿈

1 누가 천하를 다스려야 하는가: 왕도정치

일곱 개의 나라

맹자가 살았던 시대는 약 2,400여 년 전 전국시대였다. 당시 중국은 일곱 개의 강대국이 서로 천하를 차지하기 위해 날마다 싸우고 있었다. 전쟁이 일어나면 가장 큰 피해는 일반 백성들이 입는다. 침략해온 군대에 죽임을 당하기도 하고, 전쟁에 끌려가 아까운 목숨을 잃기도 한다. 또 전쟁에 직접 참여하지는 않았어도 전쟁에 필요한 물자를 대기 위해 나라에서 세금을 많이 거두어가기 때문에 백성들은 이래저래 고통스러울 뿐이다. 그 때문에 중국 전국시대는 그 이전 어느 때보다 백성들이 살기 힘든 시대였다. 역사서에 기록된 전쟁 횟수만 하더라도 1,200여 차례가 넘고 강대국들의 무차별적 침략 전쟁으로 약소국들이 멸망했기 때문에, 본래 100여 개국에 달했던 제후국의 수가 전국시대 말에는 일곱 개의 나라로 줄어들었으니 그야말로 전쟁의 시대였다고 할 만하다.

맹자는 그처럼 혼란한 시대를 끝내기 위해 여러 나라의 임금들을 찾아다니며 전쟁을 그만두고 평화 정책을 통해 천하를 통일해야 한다고 주장했다. 하지만 당시 임금들은 병법으로 유명한 손자나 오자 같은 사람들을 좋아했다. 그들을 등용해야 전쟁에 이겨 다른 나라를 정복하고 천하를 통일할 수 있다고 생각했기 때문이다. 그래서 맹자가 내놓은 평화 정책 같은 것은 거들떠보지도 않았다. 결국 맹자가 주장했던 사랑의 정치인 왕도정치나 덕치주의 같은 이야기는 한 번도 실현될 기회를 갖지 못했다.

하지만 그렇다고 포기할 맹자가 아니었다. 그는 자신을 알아주는 임금을 찾아 끈질기게 천하를 돌아다녔고, 결국 자신의 이야기를 들어주는 임금들을 만날 수 있었다. 하지만 그 수는 많지 않았다. 그리고 그 임금들은 이야기를 들어주긴 했지만

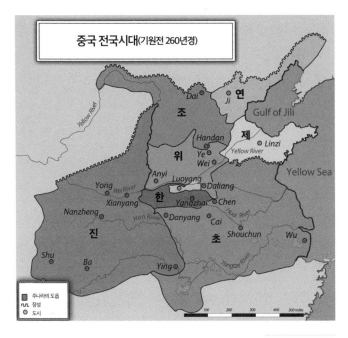

중국 전국시대 지도.

실제로 맹자가 내놓았던 왕도정치나 덕치 같은 정책을 따라서 나라를 다스리지는 않았다. 그 때문에 맹자는 여러 나라를 돌아다녔지만 자신의 뜻을 이루지 못하고 물러나 『맹자』라는 책을 지었다. 할 일을 한 셈이다. 가장 중요한 것은 맹자가 자신이 하고 싶은 말을 글로 써서 세상에 전했다는 것이다. 덕분에 지금 우리들도 그가 어떤 꿈을 가지고 있었는지 알 수 있다. 사실 맹자가 만났던 제나라 선왕이나 양나라 혜왕 같은 사람들은 당시 강대국의 군주로 누구 못지않은 권력과 부를 누렸던 사람들이었지만, 결국 맹자와 대화했다는 이유로 후세에 이름이 알려졌다. 만약 그들이 맹자를 만나 대화를 나누지 않았다면 그들의 이름은 수많은 다른 군주들과 함께 잊히고 말았을 것이다.

천하의 주인이 되려면

당시 중국을 할거하던 일곱 개의 나라 중 서쪽 진나라와 더불어 강대함을 자랑했던 제나라 선왕이 맹자에게 이렇게 물었다.

> 선왕: 제나라 환공과 진나라 문공의 패도정치에 대해 알고 싶습니다.(「양혜왕상」)

제(齊)나라 환공(桓公)과 진(晉)나라 문공(文公)은 맹자가 활동하기 전이었던 춘추시대의 제후들 중에서 가장 힘이 센 군주였다. 그 때문에 그들이 시키면 모든 제후들이 복종했다. 제나라 환공은 관중을 등용한 인물이다. 관중(管仲, 기원전 725?~645)은 이른바 '관중과 포숙의 사귐'이라는 뜻으로 유명한 '관포지교

선왕

제나라 선왕(齊宣王, ?~기원전 301)은 전국시대 제나라의 제4대 왕(재위 기원전 319~
301)으로 이름은 전벽강(田辟疆)이다. 그는 직하(稷下)에 학궁을 설치해 수천 명의
학자들을 후원하고 학술을 진흥했다. 맹자를 초빙해 정치를 자문했으나 연나라
를 침략한 뒤 연나라 통치를 두고 의견이 달라 맹자가 제나라를 떠나는 계기가 되
었다.

(管鮑之交)'의 주인공이다. 관중은 자신이 모시던 사람을 제나라
임금으로 만들기 위해 경쟁자였던 환공을 죽이려 화살을 쏘았
다. 하지만 화살은 환공의 혁대 고리에 맞고 튕겨져 나가 그는
목숨을 건진다. 환공은 관중이 자신을 죽이려 했음에도 포숙
의 천거에 따라 그를 재상으로 임명해 관중의 능력에 힘입어
천하의 패자가 된다. 자신을 죽이려 했던 사람을 재상으로 임
명해 나라를 맡기는 것은 보통 사람이 할 수 있는 일이 아니다.
그러니 제나라 선왕이 자신의 선배였던 환공처럼 패자가 되고
싶어하는 것도 무리가 아니다. 또 진나라 문공도 자신에게 원
한을 산 극결이라는 인물을 대부로 임명하는 등 개인적 원한
을 잊고 나라를 다스렸기 때문에 진나라는 오랜 기간 천하의
패자로 군림할 수 있었다.

　제나라 선왕은 맹자를 만나 자신도 선배 제환공이나 진문

공처럼 다른 제후들을 모두 굴복시키고 천하를 통일하고 싶으니 그 방법을 가르쳐달라고 했다. 『삼국지』의 유비가 제갈공명에게 물은 것처럼. 어떻게 해야 천하의 패자가 될 수 있느냐는 임금의 질문에 제갈공명은 천하를 제패할 계책을 내놓을 수밖에 없었고, 실제로 천하를 삼등분해 다스린다는 유명한 천하삼분의 계로 응대했다. 그러나 맹자는 그와는 많이 달랐다.

> 맹자: 공자의 문하에서는 어린아이들도 제나라 환공이나 진나라 문공에 대해 말하는 것을 부끄럽게 여겼습니다. 이 때문에 제가 배운 것이 없습니다. 그래도 그만두지 말고 다른 이야기라도 해달라고 하신다면 왕도정치에 대해 이야기해보겠습니다.(「양혜왕상」)

이처럼 맹자는 선왕이 물었던 질문 자체를 무시해버린다. 무안해진 제나라 선왕의 모습을 상상해도 좋다. 맹자는 그 여세를 그대로 몰아 주제를 왕도정치로 바꿔버린다. 가만히 살펴보면 맹자는 언제나 이런 식이다. 상대가 묻는 말에 대답하는 경우는 별로 없고 늘 자기가 하고 싶은 말만 계속해서 하는 스타일이다. 더욱이 맹자가 말하는 것은 당시 아무도 관심을 가지지 않았던 인의의 정치, 사랑의 정치인 왕도정치였다. 당시에는 인간의 본성은 악하며 그런 악한 인간을 다스리기 위해서는 강력한 법률과 가혹한 처벌이 필요하다는 생각이 만연해 있던 시기였다. 당연히 인간의 착한 본성에 의지하는 왕도정치 등이 받아들여질 가능성은 거의 없었다고 봐야 한다. 그럼에도 불구하고 맹자는 찾아다니는 군주마다 왕도정치를 힘주어 말했다.

사랑의 정치와 힘의 정치

그렇다면 맹자가 말하는 왕도정치란 어떤 정치를 말하는 것일까. 이쯤에서 맹자의 말을 들어보자.

> 맹자: 백성들의 신뢰를 바탕으로 사랑을 베푸는 것이 왕도정치입니다. 반면 힘으로 사랑을 가장하는 것이 패도정치입니다. 패도정치는 강대한 힘을 필요로 하지만 왕도정치는 힘을 필요로 하지 않습니다.(「공손추상」)

맹자가 말하는 왕도정치는 패도정치의 반대말이라고 생각해도 좋다. 패도정치가 힘으로 하는 정치라면 왕도정치는 사랑의 정치다. 물론 패도정치도 겉으로는 사랑을 내세우지만, 실제로는 폭력으로 백성들을 착취한다. 패도정치를 하려면 당연히 힘이 세야 한다. 그렇다면 왕도정치는 무엇으로 할까.

맹자의 말에 따르면 왕도정치는 왕자의 덕으로 다스리는 정치다. 덕은 임금에 대한 백성들의 신뢰다. 곧 백성들이 임금을 믿고 따르는 것이다. 이것을 바탕으로 백성들을 다스리는 것이 왕도정치다. 그런데 백성들은 왜 그런 임금을 신뢰할까? 그런 임금이 바로 백성들을 믿기 때문이다. 곧 그런 군주들은 폭력을 동원하지 않고도 얼마든지 백성들을 올바른 길로 인도할 수 있다고 생각한다. 결국 왕도정치를 베풀 왕자와 백성들의 관계는 서로가 서로를 믿는 관계다. 그런 신뢰를 바탕으로 임금과 백성들, 백성들과 백성들이 서로 사랑하는 세상이 바로 왕도정치가 구현된 시대라고 할 수 있다. 그래서 왕도정치를 사랑의 정치라고 한 것이다.

사랑의 정치, 그런데 구체적으로 그 사랑은 어떤 것일까? 다시 맹자의 이야기를 들어보자.

> 맹자: 백성들이 산 사람을 부양하고 죽은 사람을 장사지내는 데 한스러움이 없게 하는 것이 왕도정치의 시작입니다.(「양혜왕상」)

그렇다. 왕도정치라는 거창한 이념도, 사실은 백성들이 먹

고 사는 데 문제가 없도록 민생을 구제하는 일에서 시작해야
한다는 것이다.

나라는 부강한데 백성들은 가난했던 시대

사실 맹자가 활동했던 중국 전국시대는 그 이전 시기에 비
해 생산력이 엄청나게 발달한 시기였다. 예를 들어 곡식 씨앗
을 땅에 그대로 뿌리는 것이 아니라 이랑을 판 다음 이랑에 뿌
리는 이랑 재배가 시작되면서 곡식 종자의 생존율이 크게 향
상되었다. 호미와 같은 철제 농기구의 보급으로는 곡식의 성
장을 방해하는 잡초를 힘들이지 않고 제거할 수 있었다. 또, 소
를 이용한 경작으로 인간의 힘으로는 할 수 없는 힘든 노동을
대신하게 할 수 있었다. 그뿐 아니라, 두레박이나 수차 등을 발
명하고 관개 수로를 효율적으로 관리함으로써 이전까지는 불
모지로 방치되어왔던 물이 없는 지역 또한 경작지로 활용할
수 있었다. 그 결과 당시에 생산된 생산물의 양은 그 이전 시기
의 수백 배 수천 배에 이를 정도였다. 그처럼 부유한 시대였음
에도 백성들의 삶은 조금도 나아지지 않았다. 어찌 된 것일까?
그만큼 국가에서 더 많은 양을 세금으로 빼앗아가고 걸핏하면
백성들을 토목 공사에 동원했기 때문에, 백성들은 늘 굶주리고
노역에 시달릴 수밖에 없었으며 흉년이라도 들면 끼니를 연명

하기 어려운 처지로 내몰리기가 일쑤였다.

흔히 물질적으로 풍요로운 상태가 되면 정의는 저절로 실현될 것이라고 생각하기 쉽다. 나눠 먹을 파이가 커졌으니 그만큼 잘 나눠 먹을 것이라고 생각하기 때문이다. 하지만 반드시 그렇지는 않다. 정의로운 사회냐 아니냐를 판단하는 기준은 구성원들 개개인이 얼마나 많은 재산을 소유했느냐보다는 얼마나 공평하게 나눠가졌느냐가 문제다. 이를테면 콩 한 쪽이라도 나눠 먹으면 정의로운 것이고 억만금이라도 부당하게 차지하면 정의롭지 못한 것이다. 풍요와 정의가 반드시 비례하는 것이 아님은 맹자의 시대를 보아서도 알 수 있다.

그렇다면 당시 군주들은 왜 그랬을까? 맹자가 활동했던 전국시대 중국은 진나라, 초나라, 연나라, 제나라, 한나라, 위나라, 조나라의 일곱 나라로 나누어져 천하를 차지하기 위해 각축을 벌이던 시기였다. 따라서 당시 군주들은 모두 다른 여섯 나라를 멸망시키고 자신들이 천하를 통일하려고 했다. 그 때문에 전쟁이 끊일 날이 없었다.

오죽하면 맹자는 이렇게 말하기도 했다.

맹자: 성을 빼앗기 위해 전쟁을 일으켜 싸우다 죽은 사람이 성에 가득하며, 토지를 빼앗기 위해 전쟁을 일으켜 싸우다 죽

은 사람이 들판에 가득하다.(「이루상」)

그 때문에 맹자는 우선 당시 도탄에 빠져 있던 백성들을 구제하기 위해 전쟁을 중단시키고 국가가 백성들을 위한 정책을 펼치게 하는 것이 가장 중요하다고 생각해 전쟁 잘하는 자들은 최고 형벌에 처해야 한다는 극단적 주장까지 했다. 맹자는 가장 확고한 전쟁 반대론자였던 것이다.

백성들을 사랑하는 자가 천하를 통일해야

맹자의 시대는 각 제후국들이 서로를 침략하며 전쟁을 치렀던 혼란기였다. 전쟁을 하는 이유는 천하를 통일해 패자가 되기 위해서였다. 이처럼 통일이 이루어지지 않은 상황은 혼란스럽기도 했지만 반대로 커다란 가능성을 갖기도 했다. 천하가 통일되면 통일을 이룬 강력한 권력자의 눈치를 보지 않을 수 없기 때문에 아무래도 누가 천하를 다스려야 하는지와 같은 커다란 이야기를 자유롭게 주장하기가 어렵다. 하지만 일단 통일이 되고 나면 전쟁은 끝날 것이기 때문에 적어도 전쟁과 같은 극도의 혼란은 종식될 것이다. 그 때문에 격렬한 전쟁 반대론자였던 맹자도 어찌 되었든 천하가 하나로 통일되어야 한다는 점에서는 다른 사람들과 의견이 같았다. 하지만 문제는 그 방법이었다. 대부분의 사람들이 강력한 군대를 가진 나라가 천하를 통일할 수 있을 것이라고 생각한 데 반해, 맹자는 백성들을 사랑하는 임금이 천하를 통일할 것이라고 주장했다. 그는 백성들을 사랑하는 임금이 백성들을 사랑하는 정치를 베풀면 그 나라 백성들은 물론이고 이웃 나라 백성들도 그런 임금을 자기의 어버이처럼 존경할 것이기 때문에, 그런 임금이 다스리는 나라를 공격하는 것은 자식들로 하여금 자기 어버이를 공격하게 하는 것이나 다를 것이 없으니 절대 성공하지 못할 것이라고 주장했다. 심지어는 그런 임금이 군대를 동원해 자기 나라를 공격하더라도 모두 환영할 것이라고 주장했다. 맹자의 이야기를 들어보자.

> 맹자: 힘으로 인을 가장하는 것이 패도정치입니다. 패도정치는 힘센 나라를 가지고 있어야 성공할 수 있습니다. 반대로 덕으로 사랑을 베푸는 것이 왕도정치입니다. 왕도정치는 힘센 나라가 필요하지 않습니다. 탕임금은 사방 칠십 리의 작은 나라로 천하에 왕도정치를 베풀었고, 문왕은 사방 백 리의 나라로 천하를 다스렸습니다. 힘으로 사람을 복종시키면 사람들이 마음으로 복종하지는 않습니다. 하지만 덕으로 사람들을 복종시키면 사람들이 마음속으로 기뻐하면서 진심으로 복종

탕임금의 초상.

합니다. 마치 칠십 명의 제자가 공자에게 복종하는 것처럼요. 『시경』에 이르기를 "서쪽에서 찾아오고 동쪽에서 찾아오며 남쪽에서 찾아오고 북쪽에서 찾아오니 복종하지 않는 사람들이 없었다"고 한 것이 바로 이것을 두고 한 말입니다.(「공손추상」)

이처럼 맹자는 실제로 고대의 탕임금이나 문왕은 나라의 힘이 강대하지는 않았지만 덕으로 백성들을 사랑하는 정치를 베풀어 천하를 얻었던 임금이라고 주장했다. 맹자의 주장에 따르면 탕임금은 겨우 사방 칠십 리의 영토로 시작했고 문왕은 사방 백 리의 영토로 시작했다고 한다.

2 누가 천하를 다스려서는 안 되는가: 혁명론

임금이란 누구인가

양나라 혜왕이 맹자를 자신의 별궁으로 초대했다. 별궁은 커다란 동산 안에 있었는데 한가운데에는 연못이 있고 혜왕은 연못가에 서 있었다. 연못에는 흰 새가 날아다니고 사슴들은 편안하게 암수 짝을 지어 엎드려 있는 한없이 평화로운 풍경이었다. 혜왕이 새들과 사슴들을 돌아보며 맹자에게 이렇게 말했다.

혜왕: 어진 사람도 이런 것을 즐깁니까?
맹자: 어진 사람이라야만 이런 것을 즐길 수 있습니다. 어질지 못한 사람은 비록 이런 것들을 가지고 있다 하더라도 즐기지 못합니다. 옛날 폭군이었던 걸왕은 스스로 "내가 천하를 다스리는 것은 마치 하늘에 해가 떠 있는 것과 같다."면서 하늘의

해가 사라지지 않는 한 자신은 망하지 않을 것이라고 했습니다. 그러자 백성들은 "이놈의 해는 언제 사라지나? 너 죽고 나 죽자."고 했습니다. 백성들이 이처럼 너 죽고 나 죽자고 나오면 비록 이런 즐거움이 있다 한들 어찌 혼자 즐길 수 있겠습니까?(「양혜왕상」)

맹자의 주특기인 말 돌리기가 또 시작되었다. 맹자는 고대 폭군 걸왕의 백성들이 학정에 지친 나머지 차라리 해가 없어져 자신들까지 다 죽는 한이 있더라도 걸왕이 망했으면 좋겠다고 원망하는 이야기를 전했다. 그러면서 백성들로부터 너 죽고 나 죽자는 식의 원한을 사는 군주는 비록 호화로운 누대와 보기 좋은 짐승들이 있다 해도 홀로 즐길 수 없다고 했다. 결국 바로 당신 같은 임금은 이런 좋은 것들을 가지고 있지만 마음 편하게 즐기지도 못할 것이라고 직격탄을 날린 것이다. 양나라 혜왕은 맹자에게 자기가 가진 부를 과시하려다 본전도 찾지 못한 셈이다.

필부냐 천자냐

이번에는 제나라 선왕이 맹자가 쩔쩔맬 만큼 어려운 질문을 골라서 이렇게 물었다.

선왕: 옛날 탕임금은 걸왕을 정벌했고 무왕은 주왕을 쳤다고 하는데 그런 사실이 있습니까?

맹자: 그런 사실이 있습니다.

선왕: 신하로서 임금을 시해한 것이 옳습니까?

맹자: 제 한 놈 주를 죽였다는 말은 들었어도 임금 죽였다는 이야기는 듣지 못했습니다.(「양혜왕상」)

아마도 제나라 선왕은 맹자가 걸핏하면 칭찬하는 탕임금이나 무왕이 실제로는 자신의 군주를 시해한 파렴치한 신하들이었다는 점을 들어 맹자를 곤란하게 하려고 했을 것이다. 결과는 보다시피 맹자의 압승으로 끝난다. 맹자는 그런 군주들은 백성들을 착취해 자신의 즐거움만을 추구하는 자들이므로 더 이상 군주로 대우할 수 없다고 선언했기 때문이다.

이어서 그는 혁명을 일으킨 탕임금이나 무왕이야말로 백성들을 구제한 성군들이었다고 칭찬한다. 이처럼 천자의 자리에 있는 신분 높은 사람이라 하더라도, 왕도정치를 베풀기는커녕 백성들을 학대하고 자기 욕심만 채우는 사람은 필부에 지나지 않으므로 갈아치워도 상관없다고 했던 것이 맹자의 혁명론이다. 그런 자는 더 이상 임금이 아니라는 것이다.

동쪽나라를 정벌했더니

맹자는 계속해서 중국 역사상 최초로 혁명을 일으켰던 탕 임금에 대해 이렇게 말한다.

> 맹자: 탕임금이 정벌하면 이웃 나라 백성들이 탕임금을 자기 임금이라고 여겼습니다. 동쪽 나라로 쳐들어가면 서쪽 나라의 백성들이 왜 자기 나라부터 정벌하지 않느냐고 원망하고 남쪽 나라를 정벌하면 북쪽 나라에 있는 사람들이 왜 자기 나라부터 공격하지 않느냐고 원망했습니다. 탕임금은 백성들을 해코지한 나쁜 자들만 처벌했기 때문에 농사짓는 백성들이나 시장 보러 가는 백성들은 전혀 놀라지 않았습니다.(「양혜왕하」)

믿기지 않는 일이지만 맹자는 정벌하는 이가 참으로 훌륭한 군주라면, 정벌당하는 지역의 백성들까지도 정벌하는 군대를 자신들을 해방시켜주는 은인으로 생각해 고마운 마음으로 환영할 것이라고 한 것이다. 정말 그런 전쟁이 있다면 백성들과 싸우지 않는 전쟁, 그야말로 조용한 전쟁일 것이다.

임금을 갈아치워버리는 신하

어느 날 제나라 선왕이 맹자에게 대신(大臣)에 대해 물었다. 대신은 제후국에서 가장 높은 벼슬이다.

> 선왕: 대신의 역할은 어떤 것인지요?
>
> 맹자: 왕께서는 어떤 대신에 대해 물으시는 건지요.
>
> 선왕: 대신이 다 같지 않습니까?
>
> 맹자: 다릅니다. 왕과 같은 친족으로서 대신이 된 사람도 있고 친족이 아닌 이로서 대신이 된 사람도 있습니다.
>
> 선왕: 친족으로서 대신이 된 사람에 대해 묻고자 합니다.
>
> 맹자: 친족으로 대신이 된 사람들은 임금의 잘못을 반복해서 말렸는데도 임금이 잘못을 고치지 않으면 임금을 갈아치워버립니다.(「만장하」)

이쯤에서 선왕의 얼굴이 벌게진 것은 당연하다. 아마 간담이 서늘해졌을 것이다. 하지만 맹자는 왕이 묻기에 정직하게 대답했을 뿐이라고 말하며 왕을 진정시켰다. 잠시 후 선왕이 친족이 아닌 사람으로 대신이 된 사람들에 대해 물었다.

> 맹자: 친족 아닌 사람으로 대신이 된 사람들은 임금이 잘못을

저지르면 말리고, 말려도 듣지 않으면 떠나버립니다.(「만장하」)

선왕은 아마 임금 노릇 참 힘들다고 생각했을지도 모른다. 하지만 그게 바로 한 나라의 통치자로서 반드시 염두에 두어야 할 일이라 할 수 있다. 폭정을 저지르면 신하들이 떠나는 정도가 아니라 배신할 것이 뻔하기 때문이다. 하지만 맹자에게 가장 중요했던 것은 임금이나 대신이 아니라 백성들이었다.

백성이 가장 존귀하다

앞서 이야기한 것처럼 왕도정치는 사랑의 정치다. 그런데 그 사랑의 대상은 말할 것도 없이 백성들이다. 그래서 맹자는 이렇게 말한다.

> 맹자: 백성들이 가장 존귀하고 사직은 그 다음이고 군주는 가벼운 존재이다. 이런 까닭으로 백성들의 마음을 얻으면 천자가 되고 천자의 마음을 얻으면 제후가 되고 제후의 마음을 얻으면 대부가 되는 것이다. 제후가 사직을 위태롭게 하면 다른 사람으로 갈아치운다. 살찐 희생과 깨끗한 곡식을 준비해 때를 어기지 않고 제사를 올렸는데도 가뭄이나 물난리가 나면 사직도 갈아치운다.(「진심하」)

사직은 토지신과 곡물신에게 제사 지내는 곳으로 국가를 상징하는 신성한 공간이다. 그 때문에 나라에서 꼬박꼬박 제사를 지낸다. 하지만 홍수나 가뭄이 일어나 농사를 망치면 그런 사직을 갈아엎고 다시 세운다. 땅의 신과 곡식의 신인 사직에 제사지내는 이유는 땅에서 자란 곡식물로 백성들이 먹고 살 수 있다고 여기기 때문인데, 만약 흉년이 들어 곡식이 제대로 자라지 않는다면 땅의 신과 곡식의 신인 사직이 제 할 일을 하지 않았다고 여겨 처벌하는 것이다. 결국 맹자의 이야기는 그 어떤 신성한 국가의 상징도 백성들보다 중요하지는 않다는 뜻이다. 언젠가 이웃 나라 일본에서는 나라의 상징인 국기 히노마루노하타에 대한 경례를 강제하는 명령이 헌법에 어긋난다는 위헌 판결이 내려져 큰 뉴스가 된 적이 있다. 맹자라면 너무나 당연한 판결이라고 생각할 것이다. 그 어떤 국가의 명령이든 간에 국민의 기본권을 구속한다면 정당하지 않다는 것이다.

　마찬가지로 군주가 정치를 제대로 못해서 백성들이 굶주리면 군주를 바꿀 수도 있다는 것이 맹자의 혁명론이다. 결국 맹자는 국가의 모든 것은 백성들을 위해 있는 것이므로 백성들의 삶을 보장하지 못하는 그 어느 것도 영원한 것이 아니라고 한다. 맹자의 이런 사상을 백성을 근본으로 여기는 사상이라는 뜻으로 '민본주의'라고 한다. 지금의 민주주의와 비슷해보이지만 민본주의와 민주주의는 많이 다르다.

민주주의는 백성들이 나라의 주인이며 곧 나라의 주권이 백성들에게 있다는 뜻이다. 맹자가 말한 민본주의는 백성들이 나라의 주인까지는 아니더라도 최소한 나라가 백성들을 위해 존재한다는 것만은 분명하게 확인해주고 있다. 하지만 그렇다고 맹자가 민주주의를 주장했다거나 백성들에게 혁명을 일으키라고 권고했다는 식으로 말하면 그것은 과장이다. 과장은 사실과 다른 것이다.

3 모든 사람은 착하다: 성선설

아이가 우물에 빠지려 하면

이번에는 천하를 누가 다스려야 하느냐와 같은 거창한 이야기를 잠시 접어두고 인간의 마음에 관한 맹자의 세심한 이야기를 들어보자. 맹자는 모든 사람은 착하다고 주장한 성선설로 유명하다. 그렇다면 맹자는 모든 사람의 첫인상을 좋다고 생각할 테니, 만약 우리가 맹자를 만난다면 맹자는 우리를 좋은 사람이라고 생각할까? 그러면 우선 어린아이가 우물에 빠지려고 하는 경우를 들어 설명하는 맹자의 유명한 이야기를 들어보자.

> 맹자: 지금 막 어떤 사람이 어린아이가 우물에 빠지려는 순간을 목격했다고 치자. 그럼 그 사람이 누구이건 모두 깜짝 놀라고 불쌍히 여기는 마음이 생긴다. 그런 마음이 생기는 것은 그 아이의 부모에게 잘 보이기 위해서도 아니며, 마을 사람들이나 벗들에게 칭찬받기 위해서도 아니며, 구해주지 않았다고 욕하는 게 싫어서도 아니다.(「공손추상」)

맹자는 사람은 누구나 남의 불행을 보면 불쌍히 여기는 마음이 생기기 마련인데 그런 마음은 억지로 만들어내는 것이 아니라 저절로 생기는 것이라고 보았다. 그래서 맹자는 그런 착한 마음을 누구나 가지고 있으므로 모든 사람은 착하다고 주장한다. 맹자는 이런 확신을 가지고 있었기에 백성들을 폭력으로 다스려서는 절대 안 되며 사랑으로 인도해야 한다고 주장할 수 있었다. 사람들이 악하다고 생각한다면 사랑으로 다스린다고 생각하기도 어렵지 않겠는가? 사랑의 정치인 왕도정치가 가능하다고 목소리를 높였던 것도 모두 이런 확신에서 비롯된 것이라 할 수 있다.

물이 아래로 흐르는 것처럼

하지만 당시 대부분의 사람들은 그렇게 생각하지 않았던 모양이다. 그 때문에 논쟁이 일어난다. 다음은 인간의 마음을 선이나 악으로 나눌 수 없다고 생각한 고자라는 사람과 맹자의 논쟁이다.

> 고자: 물은 동쪽으로 터주면 동쪽으로 흘러가고 서쪽으로 터주면 서쪽으로 흘러간다. 물의 흐름에 동쪽과 서쪽의 구분이 없는 것처럼 사람의 마음도 착하거나 악한 구분이 없다.
>
> 맹자: 물이 동서의 구분이 없다는 것은 맞는 이야기다. 하지만 상하의 구분도 없는가. 모든 물은 아래로 흐른다. 물이 아래로 흐르는 것처럼 모든 사람의 마음은 착하다.(「고자상」)

물이 아래로 흐르건 말건 사람이 착한 것과 무슨 상관일까? 사실 물이 아래로 흐르기 때문에 모든 사람은 착하다고 주장하는 것은 물이 아래로 흐르기 때문에 모든 사람이 악하다고 반대로 주장하는 것과 다를 것이 하나도 없다. 하지만 먼저 물로 비유한 것은 고자였기 때문에, 적어도 이 논쟁에서는 같은 방식의 비유를 가지고 이야기한 맹자에게 설득력이 있다. 곧 물의 흐름으로 사람들의 본성이 착하거나 악하다고 주장하는 것이 반드시 옳지는 않다는 반박은 될 수 있다.

네 가지 마음

맹자는 나아가서 모든 사람에게는 남에게 차마 하지 못하는 마음이 있으며 그 마음을 네 가지로 나누어서 각각 인(仁, 사랑), 의(義, 올바름), 예(禮, 예절), 지(智, 지혜)의 실마리라고 주장했다. 맹자는 그런 실마리가 되는 마음을 각각 측은지심(惻隱之心, 불쌍히 여기는 마음), 수오지심(羞惡之心, 부끄러워하는 마음), 사양지심(辭讓之心, 양보하는 마음), 시비지심(是非之心, 옳고 그름을 가리는 마음)이라고 이름 붙이고 그 실마리를 끝까지 추구하면 누구나 완성된 인격체가 될 것이라고 주장했다. 계속해서 맹자의 이야기를 들어보자.

> 맹자: 불쌍히 여기는 마음이 없으면 사람이 아니고, 부끄러워하는 마음이 없으면 사람이 아니며, 양보하는 마음이 없으면 사람이 아니고, 옳고 그름을 가리는 마음이 없으면 사람이 아니다. 사람들이 이 네 가지 마음을 가진 것은 마치 팔 다리의 사지를 가지고 있는 것과 같다. 불쌍히 여기는 마음은 '사랑'의 실마리이고, 부끄러워하는 마음은 '올바름'의 실마리이고, 양보하는 마음은 '예절'의 실마리이고, 옳고 그름을 가리는

마음은 '지혜'의 실마리이다.(「공손추상」)

이처럼 맹자는 네 가지 착한 마음을 예로 들어 그런 마음이 없으면 사람이 아니라고 했다. 거꾸로 말하면 사람이라면 누구든지 반드시 그런 마음을 가진다는 것이다. 그렇다면 '그런 마음'이 무엇인지 구체적으로 알아보자.

맨 먼저 맹자는 사랑하는 마음을 측은지심이라고 이야기한다. 일찍이 맹자의 선배인 공자는 사랑하는 마음을 인이라고 표현했는데 맹자는 다시 이런 마음을 측은지심이라고 한다. 그리고 측은지심 한 가지만 제대로 알면 나머지 세 가지 마음은 저절로 알게 된다고 한다. 맹자는 측은지심의 '측'은 불쌍한 사람을 불쌍하게 여기는 마음이고, '은'은 다른 사람의 고통을 나의 고통으로 여기는 마음이라고 설명한다. 예를 들어 미국 작가 오 헨리의 『마지막 잎새』를 보자. 주인공은 마지막 잎새 하나가 떨어지는 걸 고통스러워한다. 그런데 잘 생각해보면 이상하다. 나뭇잎이 떨어지건 말건 주인공의 마음과 무슨 상관인가?

맹자가 말한 사랑하는 마음인 인은 사람이 지니고 있는 모종의 감각이라고 할 수 있다. 그중에서도 아픔을 느끼는 통각에 가깝다. 이를테면 옆에 있던 사람이 손가락을 다쳤을 때 내가 그 아픔을 느끼는 것이 인(仁), 곧 사랑하는 마음이고 그것을 느끼지 못하는 것이 그 반대인 불인(不仁)이다. 하등 생물일수록 이런 감각이 뒤떨어져 있다. 이를테면 물고기는 대뇌 피질이 극히 적기 때문에 이런 통각을 제대로 느끼지 못한다. 그 때문에 머리를 제외한 온몸의 살이 발라내어져도 스스로 알지 못하고 헤엄쳐 다니기도 한다. 또 식물의 경우는 그나마도 느끼지 못한다. 그런데 사람은 이런 감각이 가장 발달된 존재다. 그 때문에 생리적으로도 고통에 가장 민감하게 반응한다. 그래서 맹자의 후배 학자들은 의학서의 내용을 빌려 사지가 마비되어 감각을 느낄 수 없는 상태를 사지가 '불인'하다고 표현하기도 했다. 곧 사지가 중풍에 걸려 마비되면 손가락을 찔러도 아픔을 느끼지 못하는데 이것을 불인이라고 표현한 것이다. 이처럼 사람과 사람의 관계에서 다른 사람의 고통을 느끼지 못한다면 이런 사람이 바로 불인한 사람이다. 이런 정서는 사람이면 저마다 가지고 있는 것으로, 맹자는 인, 곧 사랑하는 마음이 없으면 사람이 아니라고 했다. 예를 들어 테레사 수녀 같은 사람들은 이런 마음을 훨씬 더 많이 가졌기에 다른 사람의 고통을 더 많이 느꼈을 것이다. 맹자는 이런 사랑의 마음을 가장 가까운 사람인 어버이를 사랑하는 데서 찾았다. 그래서 어버이를 잘 모시는 것이 사랑의 시작이라고 말했다. 뿐만 아니라 측은지심과 함께 네 가지 마음을 구성하는 나머지 세 가지 마음, 곧 수오지심, 사양지심, 시비지심은 모두 첫 번째의 마음에서 비롯된 것이라고 했다. 이 정도면 맹자가 말한 인의예지 중 인의 중요성, 곧 측은지심의 중요성은 시작이 반인 정도가 아니라 시작이 전부일 정도로 가장 중요한 마음이라고 할 수 있다.

맹자는 이어서 자신의 잘못을 부끄러워하고 다른 사람의 불의를 미워하는 마음인 수오지심을 의로운 행위인 '올바름'의 실마리라 했다. 수오지심의 '수'는 자신의 잘못된 행위를 부끄러워하는 것이고 '오'는 타인의 악행을 미워하는 마음, 곧 자신을 제외한 사회 현실의 악에 저항하는 마음이다. 흔히 현실의 악은 악인이 있기 때문에 저질러진다고 생각하기 쉽다. 하지만 악에 저항할 줄 모르는 소극적인 사람들이 악을 바로잡으려 하지 않고 눈감고 그냥 지나쳤기 때문에 사회적인 악이 사라지지 않는 측면도 있다. 우리가 과거 암흑기를 되돌아보면 이와 같은 방관자들의 압도적 무관심 속에서 독재와 억압과 부조리가 창궐했던 경우를 어렵지 않게 찾는다. 올바른 사회를 바란다면 올바르지 못한 사회 악에 적극적으로 저항할 줄 알아야 한다는 것이 맹자의 생각이다.

물론 남의 악만 추궁하는 태도는 바람직한 것이 아니다. 그 때문에 맹자는 자기 자신의 행위에 대한 반성도 아울러 촉구

한다. 사람이 올바른 판단을 내리고 올바른 행동을 하기 위해서는 부끄러워할 줄 아는 마음을 가져야 한다는 것이다. 맹자는 부끄러워할 줄 아는 능력을 대단히 중요하게 생각했다.

> 맹자: 사람이 부끄러워할 줄 몰라서는 안 된다. 부끄러워할 줄 모르는 것을 부끄러워할 줄 안다면 부끄러움을 당할 일이 없어질 것이다. 임기응변의 기교를 부리는 자들은 부끄러워하는 마음을 쓸 곳이 없다. 사람 같지 않음을 부끄러워하지 않는다면 어디에서 사람다움을 찾을 수 있겠는가!(「진심상」)

요즘은 부끄러움의 중요성을 강조하는 경우가 많지 않다. 그래서 부끄러움을 강조하면 애들 기를 죽인다느니 부정 암시를 준다느니 하면서 부끄러워할 줄 모르는 태도가 마치 떳떳하고 당당한 것처럼 가르친다. 그래서 부끄러운 일을 저지르고도 뻔뻔스럽게 행동하는 사람들이 많다. 맹자가 보기에 그런 사람은 부끄러워하는 마음을 쓸 줄 모르는 사람들이다. 맹자는 이렇게 이야기한다.

> 맹자: 사람은 '하지 않는 것'이 있은 뒤에야 비로소 훌륭한 행동을 할 수 있다.(「이루하」)

사람은 모름지기 올바른 행동을 하기 이전에 옳지 못한 행동을 하지 않을 줄 알아야 한다는 뜻이다. 곧 하고 싶은 어떤 행위를 하기 전에 먼저 '그런 행위를 하지 말아야 할 마땅한 이유'가 있는지 살펴보아야 한다는 말이다. 맹자는 '무엇을 해야 하는지를 아는 것'보다 '무엇을 하지 말아야 하는지를 아는 것'이 더 중요하다고 생각한 것이다.

맹자의 후배 학자인 왕부지(王夫之, 1619~1692) 같은 이는 "군자는 '절대 하지 않는 것'은 있지만 '반드시 하겠다는 것'은 없으며, 소인은 '반드시 하겠다는 것'은 있지만 '절대 하지 않는 것'은 없다"고 말했다. 절대 하지 않는 것은 해서는 안 될 부끄러운 행동을 말한다. 따라서 부끄러움을 아느냐 그렇지 않느냐를 기준으로 군자와 소인을 구분한다. 여러분은 어느 쪽인가?

지금까지 맹자가 말한 네 가지 마음 중 측은지심과 수오지심을 살펴보았다. 이제 남은 마음은 사양지심과 시비지심이다. 실마리를 끝까지 추구해야 훌륭한 사람이 될 수 있다고 한 맹자의 말대로, 나머지 두 마음도 살펴보자.

맹자가 세 번째로 강조하는 마음은 사양지심, 곧 양보하는 마음이다. 사양지심의 '사'는 다른 사람이 나에게 주는 재물을 받지 않는 것을 의미하며, '양'은 내가 가질 수 있는 것을 다른 사람에게 양보하는 것이다. 모두 재물과 관련된 이야기다. 일

왕부지

왕부지(王夫之, 1619~1692)는 명나라 말에서 청나라 초기의 철학자이다. 호남성 형양현 출신으로 만년에 석선산(石船山)에 은거했기 때문에 선산(船山) 선생으로 불렸다. 한때 명조에 출사하기도 했고 명나라 멸망 이후 장강 이남에 세워진 남명(南明) 왕조에 협력하기도 했으나 내분에 절망한 나머지 고향으로 돌아간 뒤에는 오로지 학문과 저술에 몰두했다. 그의 학문은 유학의 경전 전반에 걸쳐 새로운 견해를 창안했는데 『독사서대전설』 『장자정몽주』 『독통감론』을 비롯, 무려 800만 자에 달하는 저술을 남겼다. 황종희(黃宗羲), 고염무(顧炎武)와 함께 명말청초의 3대 학자로 꼽힌다.

찍이 맹자의 선배 공자도 이익을 보면 의리에 맞는지를 생각한다고 했다. 당연히 맹자도 같은 생각을 가졌다.

> 맹자: 받아도 될 것 같기도 하고 받지 말아야 할 것 같기도 할 때는 받지 않는 것이 옳고, 주어도 될 것 같기도 하고 주지 말아야 할 것 같기도 할 때는 주지 않는 것이 옳다.(「이루하」)

맹자는 이처럼 재물을 주고받을 때 도리에 맞는지 아닌지를 따져본 뒤에 도리에 맞는 것만을 받아야 한다고 주장했다. 만약 그것이 불확실하다면 받지 않고 주지 않는 것이 옳다는 것이 맹자의 생각이다.

마지막으로 맹자는 시비지심, 곧 옳고 그름을 가릴 줄 아는 마음을 강조했다. 그런데 맹자가 강조한 옳고 그름은 논리적 옳고 그름이라기보다는 어떤 행위가 선인지 악인지를 판단하는 도덕적 옳고 그름을 의미한다. 그래서 그의 후배 중 유명한 학자인 주희(朱熹, 1130~1200)는 시비지심의 '시'는 어떤 행동이 선함을 알아서 옳다고 판단하는 것을 말하고, '비'는 어떤 행동이 악함을 알아서 그르다고 판단하는 것을 말한다고 풀이했다.

앞에서도 말한 것처럼 맹자는 이러한 네 가지 마음은 사람이면 누구나 가지고 있다고 했다. 따라서 누구든 자신의 마음이 자신에게 어떤 이야기를 하는지 귀 기울여서 들을 줄 안다면 이 네 가지 마음을 모두 실천함으로써 인의예지를 갖춘 사람이 될 수 있다는 것이 맹자의 주장이다.

맹자와 임금들

1 맹자, 양나라에 가다

이익을 말하지 말라

맹자에게는 유명한 선배가 있었다. 바로 맹자처럼 수레를 타고 천하를 돌아다니며 자신을 알아주는 임금을 찾아다녔던 공자다. 하지만 공자 때에는 지식인에 대한 대우가 그다지 신통치 않았기 때문에 이만저만 고생한 것이 아니었다. 그야말로 궁둥이 따뜻할 겨를이 없을 정도로 동분서주했고 급기야는 끼니조차 잇지 못해 제자들이 쓰러지는 일까지 겪었다. 오죽했으

집 잃은 개

집 잃은 개[喪家之狗]는 곤경에 빠진 공자의 초라한 행색을 빗댄 말로 『사기』 「공자세가」와 『공자가어』 등에 보인다. 상가지구(喪家之狗)는 집 잃은 개 또는 상갓집 개로 번역할 수 있다.

면 공자에게 집 잃은 개라는 별명까지 붙었겠는가.

그런데 그로부터 약 200년 정도 지난 시대에 활동했던 맹자는 공자처럼 초라한 행색으로 다니지 않았다. 그에게는 수행하는 제자가 수백 명이었고 뒤따르는 수레가 수십 대였다고 할 정도로 공자와는 달리 위세도 당당하게 제후들을 찾아다녔다. 오죽하면 제자였던 팽경(彭更)은 수십 대의 수레와 수백 명의 제자들을 데리고 제후들을 찾아다니며 밥 얻어먹고 다니는 게 너무 사치스러운 것 아니냐고 묻기까지 했다. 하지만 맹자는 제후들에게 얻어먹으면서도 결코 제후들의 생각에 동조하거나 자신의 뜻을 바꾸지 않았다.

사실 맹자의 선배였던 공자는 자신을 알아주는 제후들을 찾아 천하를 다니면서 혹시라도 한자리 차지해볼 생각이 전혀 없지는 않았다. 물론 그렇게 해서 나라를 다스리는 자리에 올라야만 자신이 뜻한 덕치주의를 펼 수 있기도 했다. 하지만 맹자는 애초부터 벼슬 따위는 크게 마음에 두지 않았던 것 같다.

조선 후기 화가 김진여(金振汝)의 「김진여필성적도」
출처: 국립중앙박물관

그가 당시 제후들을 만나서 한 이야기를 들어보면 정말 그랬다는 걸 어렵지 않게 짐작하게 된다. 그 때문에 맹자는 공자와는 달리 하고 싶은 이야기를 마음대로 할 수 있었다. 굳이 당시 제후들에게 잘 보이려고 애쓸 필요가 없었다는 이야기다. 그런가 하면 맹자의 후배였던 순자(荀子, 기원전 298?~238?)는 제나라에서 학자들을 대표하는 벼슬을 얻는 등 상당히 높은 벼슬자리에 올랐던 인물이다. 그 때문에 그 역시 하고 싶은 말을 마음대로 할 수는 없었다. 맹자는 그런 점에서 두 사람보다 훨씬 더 행복했다. 모름지기 맹자 같은 철학자에게는 하고 싶은 말을 하는 것이 무엇보다 중요하기 때문이다.

순자

순자(荀子, 기원전 298~238)는 전국시대의 철학자로 이름은 순황(荀況)이다. 조나라의 속국 순(鄹)에서 태어났다. 맹자의 성선설을 비판하고 성악설을 주장함으로써 인간의 본성을 인위적으로 조정해야 한다고 주장했다. 그는 인간이 악하다 해도 교육을 통해 얼마든지 선으로 인도할 수 있다고 보았다. 성악설은 인간의 윤리가 파괴되고 사회의 질서가 전면적으로 붕괴되어가던 전국시대 말기의 혼란을 극복하려는 지식인의 고뇌가 반영되어 있다. 맹자와 자사를 비롯한 열두 명의 철학자를 비판해 전국시대 철학의 집대성자로 평가받는다.

맹자가 처음으로 찾아갔던 나라는 양나라였다. 당시 양나라 혜왕은 이웃 진나라와의 전쟁에 패해 많은 땅을 빼앗겼기 때문에 사방에서 자신을 도와줄 인재를 찾았다. 그들의 힘을 빌려 진나라를 쳐부수려고 한 것이다. 그래서 조금이라도 이름난 사람들에게는 많은 재물을 지원하면서 자신의 나라로 초빙했다. 당연히 맹자에게도 초청장이 날아갔고, 그래서 맹자가 양혜왕을 만나게 되었다. 양혜왕은 기대가 컸던 만큼 맹자를 만나자마자 이렇게 물었다.

양혜왕: 선생께서는 천 리를 멀다 하지 않고 우리나라에 오셨습니다. 이제 어떻게 우리나라를 이롭게 해주시겠습니까?(「양혜왕상」)

혜왕이 바라는 것은 간단하다. 경제적으로 풍요롭고 군사적으로 강대한 나라를 만들어 진나라에 빼앗긴 영토를 도로 빼앗아 오겠다는 것이었을 터이고 맹자가 그런 꾀를 내놓을 것이라고 기대했다. 그런데 맹자의 대답은 꽤나 엉뚱했다.

> 맹자: 왕께서는 어찌 꼭 이익을 말씀하십니까? 오직 인의가 있을 뿐입니다.(「양혜왕상」)

혜왕은 아차 했다. 인의라니, 이 무슨 뚱딴지같은 소리란 말인가. 그가 생각하기에 맹자는 당시 현실을 전혀 모르는 순진하고 어리석은 사람에 지나지 않았다. 혜왕은 속으로 크게 실망했지만 맹자는 혜왕이 듣거나 말거나 하고 싶은 말을 계속했다.

> 맹자: 왕이 어떻게 하면 우리나라를 이롭게 할 수 있을까를 생각하면 대부들은 어떻게 하면 우리 집안을 이롭게 할 수 있을까를 생각할 것이며, 일반인들은 어떻게 하면 내 몸을 이롭게 할 수 있을까를 생각할 것입니다. 이처럼 윗사람이나 아랫사람들이 모두 이익만을 추구하면 국가는 위기에 처할 수밖에 없습니다. 천자국에서 그 임금을 시해하는 자는 항상 제후

들이고, 제후국에서 그 임금을 시해하는 자는 항상 대부들입니다. 만약 이익을 앞세우고 의리를 뒤로 돌린다면 빼앗지 않으면 만족하지 못하게 됩니다. 인하면서도 그 어버이를 뒤로 돌리는 경우는 아직 없으며 의로우면서도 그 임금을 뒤로 돌리는 경우는 아직 없습니다.(「양혜왕상」)

맹자의 대화 상대인 양혜왕이 추구하는 것은 말할 것도 없이 이익이다. 구체적으로는 한 나라의 임금으로서 국가의 경제적 풍요를 확보하고 군사력을 강하게 함으로써 천하를 통일하는 것이다. 그런데 맹자는 이런 식으로 나라를 다스리는 것에 반대한다. 이익을 추구하면 인간 관계가 모두 파괴된다고 보았기 때문이다. 따라서 인간 관계를 견고하게 유지시켜주는 '인의'의 가치를 우선시해야 한다고 주장한 것이다. 인의를 가치의 중심에 두고 국가를 운영하면 이익을 바라지 않아도 저절로 이익이 확보된다는 것이 맹자의 주장이다.

맹자가 말하는 인이란 쉽게 말하면 자신과 가장 가까운 사람인 어버이를 사랑하는 것이다. 또 의란 어버이처럼 자연이 맺어준 관계가 아니라 사회적으로 형성된 군주와 신하의 관계에서 올바른 도리를 지키는 것이다. 물론 맹자는 자신의 어버이를 사랑하는 데 그치지 않고 그런 마음을 미루어 다른 사람을 사랑할 수 있어야 한다고 강조한다.

인자무적: 어진 사람은 적이 없다

맹자로부터 부국강병의 묘책을 듣기는커녕 인의가 가장 중요하다는 엉뚱한 이야기만 들은 양혜왕은 내심 실망이 컸다. 하지만 그래도 아직 첫만남이니 내색하지 않고 맹자를 융숭히 대접했다. 양혜왕은 맹자가 자신의 말을 제대로 이해하지 못해서 다른 이야기를 한 것이라고 생각했다. 그러고는 기회를 봐서 맹자에게 다시 요구할 생각이었다. 그러다 기회가 왔다. 이번에는 왕이 아예 맹자에게 자기가 바라는 것을 구체적으로 이야기하면서 대답을 요구했다.

> 양혜왕: 우리나라가 천하에서 가장 강대했다는 사실은 맹자 선생께서도 잘 아시는 일이지요. 그런데 저의 시대에 이르러 동쪽으로는 제나라에 패해 맏아들이 죽었고, 서쪽으로는 진나라에 패해 칠백 리의 영토를 빼앗겼고, 남쪽으로는 초나라와 싸웠는데 역시 패배해 욕을 당했습니다. 저는 그것을 부끄럽게 여겨서 한번 설욕해보고 싶습니다. 어떻게 하면 좋겠습니까?(「양혜왕상」)

질문을 두루뭉술하게 하지 않고 꼭 집어서 물어보면 상대는 분명하게 알아듣기 마련이다. 앞에서처럼 나라를 이롭게 하느니 마느니 하는 식으로 물었다간 맹자가 인이니 의니 하면서 또 다른 이야기를 할까 두려웠던 것이다. 그런데 맹자의 대답은 이랬다.

> 맹자: 사방 백 리의 영토만 가지고도 왕 노릇 할 수 있습니다.
>
> 양혜왕: …….(「양혜왕상」)

양혜왕은 아무 말이 없었다. 하지만 이번에도 맹자는 하고 싶은 이야기를 계속했다. 왕이 듣거나 말거나…….

> 맹자: 왕께서 만약 백성을 사랑하는 정치를 베푸셔서 형벌과 세금을 줄이면 백성들이 농사를 잘 지을 수 있어서 잘 먹고 잘 살게 될 것입니다. 그런 상태에서 사람들에게 여가 시간을 주고 효제충신의 도리를 익히게 해서 집에서는 부모를 잘 모시게 하고 밖에서는 어른을 공경하게 한다면 아마 몽둥이를 들고서도 진나라와 초나라의 예리한 병기와 단단한 갑옷을 무찌를 수 있을 것입니다.
>
> 양혜왕: …….(「양혜왕상」)

맹자는 계속해서 말했다.

맹자: 임금님이 이렇게 백성들을 사랑하시는데 저들은 걸핏
하면 백성들을 부역에 동원해 백성들이 농사지어서 어버이를
모시지 못하게 하면 그 부모들은 추위에 떨고 굶주리며 형제
와 처자식들이 흩어질 것입니다. 저들이 저렇게 자기 백성들
을 학대하는데 임금님이 가서 그들을 정벌하신다면 대체 누
가 임금님과 대적하겠습니까. 그래서 인자는 무적이라고 하
는 것입니다. 임금님은 의심하지 마십시오.(「양혜왕상」)

양혜왕은 여전히 말이 없었다. 아마도 속으로 '천하에 적이
없는 것은 참 좋은데 인정이니 뭐니 백성들을 사랑해야 한다
는 게 무슨 소리인지 하나도 모르겠다'고 생각했을 것이다.

오십보백보
한번은 양나라 혜왕이 맹자에게 이렇게 자랑했다.

양혜왕: 저도 나랏일에 나름대로 최선을 다하고 있습니다. 예
를 들어 하내 땅에 흉년이 들면 하동 땅에 있는 곡식을 하내
로 옮겨서 백성들을 구휼하고, 반대로 하동 땅에 흉년이 들면

하내의 곡식을 하동 땅으로 옮겨서 백성들이 먹고 살게 해줍니다. 그런데도 이웃 나라의 백성들이 줄어들지 않고 우리나라 백성들의 수가 많아지지 않는데 그 이유를 모르겠습니다.

맹자: 왕께서 전쟁을 좋아하시니 전쟁으로 비유해 보겠습니다. 만약 전쟁터에서 바야흐로 적군과 서로 창과 칼을 부딪치며 싸웠을 때 어떤 자는 오십 보를 도망가서 중지하고 어떤 자는 백 보를 도망가서 중지했다 칩시다. 그런데 오십 보 도망간 자가 백 보 도망간 자를 보고 "저런 비겁한 놈, 나는 오십 보밖에 도망 안 갔는데 저놈은 백 보나 도망가다니, 저런 비겁한 놈이 있나" 하고 비난한다면 되겠습니까?

양혜왕: 안 되지요. 백 보가 아니었다뿐이지 오십 보도 도망간 것이라는 점은 다를 것이 없으니까요.

맹자: 임금께서 그것이 옳지 않다는 걸 아신다면 백성의 수가 이웃 나라보다 많아지길 바라서는 안 되지요. 이웃 나라보다 조금 낫기는 하지만 오십보백보 차이에 지나지 않는 겁니다.(「양혜왕상」)

칭찬이라도 한 마디 들어볼까 했던 양혜왕은 또 면박만 당하고 말았다. 맹자의 가르침이 지나칠 정도로 혹독해보여도, 양혜왕은 한 나라의 임금이다. 잘못하면 욕을 먹어야 마땅하다. 양혜왕이 무엇을 얼마나 잘못했는지, 맹자의 이야기를 들어보자.

앞에서도 말한 것처럼 당시 일곱 개의 나라는 제각기 천하를 차지하기 위해 날이면 날마다 전쟁을 일으켰다. 죽어나는 것은 당연히 백성들이다. 이런 시대에 맹자는 만나는 임금들마다 붙잡고 서로 싸우지만 말고 백성들을 구제해야 한다고 당부했다. 맹자는 당시 급무는 민생고 해결에 있다고 생각했기 때문에 왕도정치도 이로부터 시작해야 한다고 주장했다. 그는 당시 상황을 이렇게 표현했다.

> 맹자: 임금님의 푸줏간에는 살진 고기가 그득하고 마구간에는 살진 말이 가득합니다. 그런데도 백성들에게는 굶주린 기색이 역력하고 들판에는 굶어 죽은 시체가 널려 있습니다. 이것은 짐승을 몰아다 사람을 잡아 먹는 것입니다. 짐승들끼리 서로 잡아 먹는 것도 사람들이 싫어하는데 하물며 백성들의 부모가 되어 정치를 베푸는데 짐승을 몰아다 사람을 잡아 먹는 처지를 피할 수 없다면 어찌 백성들의 부모 된 자라 하겠습니까.
>
> 양혜왕: …….
>
> 맹자: 개나 돼지가 사람이 먹을 음식을 먹어치우는데도 제지

할 줄 모르고 길에 굶어 죽은 시체가 널려 있는데도 창고문을 열어 구제할 줄 모르며, 백성들이 죽으면 "내가 정치를 잘못해서가 아니라 흉년 때문에 죽었다"고 말하니 이게 사람을 칼로 찔러 죽이고선 "내가 죽인 것이 아니라 칼이 죽였다"고 말하는 것과 다를 것이 무엇이겠습니까? 임금님이 흉년을 탓하지 않으시면 천하의 백성들이 모두 이 나라로 몰려올 것입니다.(「양혜왕상」)

맹자는 당시 참상은 생산량이 절대적으로 부족했기 때문에 일어나는 것이 아니라 소수 지배자들이 생산물이나 생산수단을 독점했기 때문에 일어난 것이라고 보았다. 아주 정확하고 예리한 견해이다. 그런데 그런 독점이 심화되면 어떻게 될까? 결국 생산물을 독점하던 소수마저도 살아날 수 없다. 반란이 일어나는 것이다. 현명한 통치자는 그런 상황이 도래하기 전에 재물을 흩어서 백성들을 구제한다. 그렇지 못한 군주는 다른 사람에 의해 제거되고 새로운 군주가 탄생한다. 비슷한 역사가 계속 반복되어왔지만 어리석은 통치자들은 늘 그것을 깨닫지 못했다.

임금 같지도 않더니만

양혜왕은 맹자가 마음에 들지 않았지만 그래도 융숭하게 대우했다. 만약 마음에 들지 않는다고 맹자를 박대했다간 소문이 퍼져 다른 인재들이 양나라로 오지 않을까봐 두려웠던 것이다. 판단을 잘한 것이다. 사실 맹자 같은 사람은 건드리지 않는 게 상책이다. 맹자를 욕하면 여기저기 돌아다니면서 그 임금이 형편없더라는 이야기를 떠들고 다니기 때문에 온 천하에 나쁜 소문이 난다. 뿐만 아니라 맹자를 박대하면 두고두고 나쁜 인간으로 후세에 길이길이 전해졌을 것이다. 실제로 그런 임금이 있었다. 바로 혜왕의 아들 양왕(襄王)이 그 주인공이다. 맹자가 양나라에 있을 때였다. 혜왕이 죽고 태자가 왕위를 계승했는데 그가 바로 양왕이다. 그는 아버지였던 혜왕과는 달리 맹자와 같은 선비들을 별로 좋아하지 않았다. 그래서 걸핏하면 칼싸움 잘하는 무사들을 불러 그들과 함께 놀았다. 그러니 맹자 또한 그런 임금을 좋아할 리 없었다. 자연히 맹자는 임금과 멀어졌다. 한번은 양왕을 만나고 나온 맹자가 사람들에게 이렇게 말한 적도 있다.

맹자: 그 사람, 멀리서 바라볼 때는 임금 같지도 않더니만 가까이 다가가 보니 이렇다 할 위엄도 없더구만. 그런데 이 자

가 갑자기 나에게 천하가 어떻게 될 것 같냐고 묻지 않겠어? 그래서 내가 하나로 통일될 것이라고 말해주었지. 그랬더니 대뜸 어떤 사람이 천하를 통일할 수 있겠느냐고 묻더군. 그래서 내가 사람 죽이기 좋아하지 않는 왕이 통일할 수 있을 것이라고 대답했지. 그러자 다시 누가 그런 왕을 따르겠느냐고 하지 않겠어? 그래서 내가 천하의 모든 사람들이 그런 왕을 기다린다고 말해주었다네.(「양혜왕상」)

'멀리서 보니 임금 같지 않더라' 같은 말을 하고서 그 나라에 머물면서 신세지기는 아무래도 어렵지 않겠는가. 결국 맹자는 양나라를 떠난다. 그리고 제나라로 간다. 자신을 알아주는 임금을 찾아서…….

2 맹자, 제나라에 가다

하늘이 준 벼슬과 사람이 준 벼슬

맹자는 당시 서쪽 진나라와 함께 2대 강국으로 불리던 제나라로 간다. 제나라 선왕은 학술 진흥과 문화 사업에 많은 관심을 가졌던 보기 드문 제후였다. 그는 농사의 신에게 제사 지

내는 장소인 직하(稷下)라는 곳에 학궁(學宮)을 만들어놓고 학자
들을 초빙해 머물게 했기 때문에 천하의 많은 학자들이 모여
들었다. 그 때문에 맹자는 양나라에서보다 더 융숭한 대접을
받을 수 있었다. 그런데 여기서도 맹자는 호락호락하게 굴지
않았다.

맹자가 처음 제나라에 당도했을 때 일이다. 며칠이 지난 어
느 날 제나라 선왕을 만나러 나가기 위해 신발을 챙기고 있었
다. 그때 마침 제나라 선왕이 사람을 시켜 다음과 같은 전갈을
보내왔다.

> 선왕: 과인이 선생님을 직접 찾아가 뵈어야 함이 마땅하지만
> 마침 감기에 걸렸기 때문에 바람을 쏘일 수가 없습니다. 불편
> 하시더라도 조정으로 나와주시면 조정에서 뵐까 하는데 뵐
> 수 있을지 없을지 잘 모르겠습니다.(「공손추상」)

조정으로 막 나가려고 하던 맹자는 그 전갈을 받고서는 마
음이 틀어진 모양이다. 맹자는 이렇게 대답하고 왕의 사신을
돌려보냈다.

> 맹자: 저도 마침 감기에 걸려서 조정에 나가지 못합니다.

그러자 제자들은 안달이 났다. 상대는 한 나라의 임금이요 맹자는 일개 선비에 지나지 않는다. 그런데 너무 뻣뻣하게 굴다가 양나라에서처럼 든든한 후원자를 잃게 될까봐 걱정되었다. 아무튼 맹자는 그렇게 제나라 선왕의 초청을 거절했다.

다음날 맹자는 조문갈 일이 있어서 거처를 나섰다. 그러자 제자들이 소매를 붙잡고 말렸다.

> 제자: 선생님 어제 왕의 사신이 왔을 때 몸이 불편해 조정에 나갈 수 없다고 하셨는데 오늘 이렇게 밖으로 나가시면 어떡합니까? 아무래도 옳지 않은 듯합니다.(「공손추상」)

맹자는 태연히 대답했다.

> 맹자: 아니 이 사람아! 어제는 아팠지만 오늘은 다 나았어. 무엇 때문에 조문을 가지 못한단 말인가?(「공손추상」)

맹자는 이렇게 대답하고선 말리는 제자들을 뿌리치고 조문하러 떠났다. 제자들 입장에서 볼 때 일이 꼬인 것은 그때부터였다. 맹자가 떠난 직후 왕이 의원을 보내왔기 때문이다. 제나라 임금은 맹자가 '감기에 걸려서 조정에 나가지 못한다'고 하니 실제로 감기에 걸린 줄 알았던 모양이다. 그래서 딴에는 맹자를 배려한다고 임금을 치료하는 의원을 보내 치료하게 한 것이다. 일이 이렇게 되자 제자들은 난감했다. 그들은 엉겁결에 맹자가 오늘 병이 조금 나아서 조정으로 달려갔다고 대답했다. 그렇게 한 후 제자들은 맹자가 오면 곧바로 조정으로 가시라고 강권할 생각으로 사방으로 흩어져 길목을 지키고 있었다.

조문길에서 돌아오던 맹자는 그 사실을 알고 숙소로 돌아가려 했지만 제자들이 워낙 간곡하게 말리는 통에 할 수 없이 조정으로 가는 체하면서, 이번에는 이웃에 살던 경추 씨라는 학자를 찾아가서 거기서 하룻밤을 묵게 되었다. 이미 소문을 듣고 일의 전말을 알았던 경추 씨(景丑氏)는 맹자에게 이렇게 따지고 들었다.

> 경추 씨: 안으로는 아버지가 가장 존귀하고 밖으로는 임금이 가장 존귀합니다. 그런데 나는 임금이 당신을 공경하는 모습은 보았지만 당신이 임금 공경하는 모습은 보지 못했습니다. 이 어찌 올바른 도리라 할 수 있겠습니까?(「공손추상」)

그러자 맹자는 이렇게 대답했다.

맹자: 제가 임금을 공경하지 않는다는 것은 사실과 다릅니다. 제나라 사람들은 아무도 요임금이나 순임금이 천하를 다스렸던 방법으로 임금에게 말하지 않습니다. 이것은 요임금이나 순임금의 도가 훌륭하지 않다고 생각해서가 아닙니다. 모두가 이 임금은 요임금이나 순임금의 도를 실천하기에 부족한 사람이라고 생각해서입니다. 이런 사람들이야말로 임금을 공경하지 않는 사람들이지요. 그런데 나는 요임금이나 순임금의 도가 아니면 임금에게 말하지 않습니다. 그러니 제나라에는 나보다 임금을 더 공경하는 사람이 없는 셈이지요.(「공손추상」)

그러자 경추 씨는 다시 이렇게 따졌다.

경추 씨: 그것을 두고 하는 말이 아닙니다. 임금께서는 사람을 두 번이나 보내서 조정으로 나와주십사고 간청했는데 당신은 찾아가지 않았습니다. 이것이 불경이 아니고 무엇입니까?(「공손추상」)

이에 맹자는 단호히 자신의 입장을 밝혔다.

맹자: 천하의 모든 사람들이 다 같이 중요하다고 인정하는 것

한나라 시대에 그려진 요임금과 순임금의 초상.

으로 훌륭한 인격과 높은 벼슬, 그리고 나이를 들 수 있습니다. 조정에서는 벼슬의 등급을 기준으로 높낮이를 가르고 고을에서는 나이 많은 사람이 우선입니다. 또 세상을 경영하고 백성들을 도덕적으로 감화시키는 것은 훌륭한 인격을 지닌 사람만이 할 수 있습니다. 그런데 나는 제나라 임금보다 나이도 많고 인격도 훌륭합니다. 그에 비해 제나라 임금이 나보다 나은 것은 벼슬뿐입니다. 어떻게 하나 가진 사람이 둘 가진 사람을 오라 가라 하겠습니까? 더욱이 왕이 가진 벼슬은 인위적으로 만든 벼슬에 지나지 않습니다. 내가 가진 덕성은 하늘이 만들어준 벼슬입니다. 벼슬로 치더라도 내가 높은 셈이지요.(「공손추상」)

경추 씨는 그만 말문이 막혀버렸다. 기가 막히기도 했거니와 같은 학자로서 맹자의 의연한 태도에 공감하는 바가 있었기 때문이다. 강대국 제나라 군주에게 조금도 물러서지 않았던 맹자의 이런 당당한 태도는 많은 지식인들에게 본보기가 되었다.

음악을 듣고 눈살을 찌푸리다

이처럼 맹자는 일개 선비에 지나지 않았지만 권력이 막강한 당시 제후들에게 전혀 고개를 숙이지 않고 당당하게 대했다. 더욱이 기회가 있을 때마다 제후들을 골탕 먹이기까지 했다. 한번은 이런 일이 있었다. 맹자의 제자로 제나라에서 벼슬하고 있었던 장포(莊暴)가 선왕(宣王)을 만났을 때 일이다. 선왕은 자신이 음악을 무척 좋아한다면서 음악에 관련된 지식을 이것저것 늘어놓으며 자랑했다. 그런데 장포는 음악에 별다른 조예가 없었기 때문에 이렇다 할 대꾸를 못하고 그냥 들을 수밖에 없었다. 그러자 선왕은 더욱 우쭐해져서 자신의 예술적 식견을 과시하려는 듯 음악 이야기를 계속 했다고 한다. 그 뒤 장포

맹자와 음악

공자와 맹자는 모두 음악에 조예가 깊었다. 다만 공자는 순임금의 소악(韶樂)을 듣고 석 달 동안 고기 맛을 알지 못했다고 할 정도로 감상의 깊이를 강조하고 고악(古樂)의 가치를 높이 평가한 반면, 맹자는 아무리 아름다운 음악이라도 백성과 함께 즐기지 않으면 한때의 유희에 지나지 않고 비록 가벼운 음악이라 해도 백성과 함께 즐기면 그것이야말로 가장 아름다운 음악이라며 여민동락을 강조했다.

는 맹자를 만나 제나라 선왕이 음악을 무척 좋아하는데 한 나라의 임금으로서 음악을 좋아하는 것이 정치에 도움이 되는지 아닌지 모르겠다고 물었다. 그러자 맹자는 임금이 음악을 좋아하면 좋아할수록 나라가 잘 다스려질 것이라며 크게 기뻐하면서 선왕을 찾아갔다.

> 맹자: 장포가 그러던데 임금께서 음악을 좋아하신다면서요?
> (「양혜왕하」)

선왕은 깜짝 놀랐다. 그동안 하도 당해온 터라 맹자가 또 뭐라고 시비를 걸지 몰라 두려웠던 것이다.

> 선왕: 아, 거 뭐 제가 선왕의 음악을 좋아할 줄 안다는 게 아니고 그저 세속 음악을 조금 좋아할 뿐입니다.(「양혜왕하」)

선왕은 재빨리 둘러댔다. 음악에 대해 아는 체하다가 예악의 전문가인 맹자에게 무식하다고 면박받을까 두려웠던 것이다. 그래서 엉겹결에 자기가 좋아하는 음악은 옛날 선왕들이 작곡한 고전음악이 아니라 세속의 유행가에 지나지 않는다고 엉겹결에 대답했다. 그런데 맹자의 대답은 의외였다.

> 맹자: 선왕의 음악이나 세속의 음악이나 다 같습니다.
> 선왕: ?(「양혜왕하」)

선왕은 어리둥절했다. 평소 말만 꺼냈다 하면 함지악이니, 오영이니 이름도 기억하기 어려운 선왕들의 고전음악을 칭찬하던 맹자인지라 세속의 유행가를 좋아한다고 하면 질 떨어지는 음악이라고 낮추어볼 줄 알았는데, 의외로 선왕의 음악이나 유행가나 다를 것이 없다고 말하니 놀랄 만도 하다.

> 맹자: 다시 한번 말씀드리지만 선왕의 음악이나 세속의 음악이나 다 같습니다. 백성들과 함께 즐기기만 한다면요. 오늘은 제가 임금님께 음악에 관해 말씀드리겠습니다.(「양혜왕하」)

맹자는 이야기를 시작했고 선왕은 일단 자신의 취미 생활을 인정해주는 맹자의 태도에 자신감을 얻어 그의 말에 귀를 기울였다.

> 맹자: 지금 임금님이 여기에서 음악을 연주한다고 칩시다. 그런데 백성들이 임금님의 악대가 연주하는 종소리와 북소리, 피리소리 등을 듣고 모두 머리를 아파하고 눈살을 찌푸리며 서로 말하길 "우리 임금님 음악 참 좋아하시네. 도대체 어찌하여 우리로 하여금 이 지경에 이르게 하셨는가. 부모와 자식이 서로 만나지 못하고 형제들과 처자식이 흩어지지 않았는가"하고 말한다면 이는 다른 까닭이 없습니다. 임금께서 백성들과 함께 즐기지 않으셨기 때문입니다.(「양혜왕하」)

제나라 선왕의 얼굴이 붉어졌다. 백성들은 부모와 자식이 헤어지고 형제와 처자식이 흩어지는 가혹한 처지에 내몰렸는데 임금인 자신은 흥청망청 놀았다는 뼈 아픈 지적이었기 때문이다. 맹자는 이야기를 계속했다.

여민동락: 백성들과 함께 즐기면

> 맹자: 반대로 임금께서 여기서 음악을 연주하는데 백성들이

임금님의 악대가 연주하는 종소리와 북소리, 피리소리 등을 듣고 모두 즐거운 기색으로 서로 말하길 "우리 임금님이 건강하신가 보다! 어쩌면 저렇게 음악을 아름답게 연주하실까!" 하고 말한다면 이는 다른 까닭이 없습니다. 임금께서 백성들과 함께 즐기셨기 때문입니다. 이 때문에 백성들의 근심을 자기 근심으로 여기는 임금에게는 백성들 또한 그 임금의 근심을 자기 근심으로 여기고, 백성들의 즐거움을 자신의 즐거움으로 여기는 임금에게는 백성들 또한 그 임금의 즐거움을 자신의 즐거움으로 여긴다고 하는 것입니다. 임금님이 음악을 좋아하신다면 백성들과 함께 즐기시기 바랍니다. 그렇다면 왕도정치를 이룰 것입니다.(「양혜왕하」)

맹자는 이렇게 말하면서 선왕에게 천하와 함께 즐거워하고 천하와 함께 근심하라고 조언했다. 그리 하면 백성들 또한 그 임금과 고락을 함께한다는 것이다. 훗날 송나라 문인이자 탁월한 정치가였던 범중엄(范仲淹, 989~1052)이라는 사람은 "천하의 누구보다 앞서서 천하의 일을 근심하고 천하의 모든 사람이 즐거워한 뒤에 즐거워한다"는 유명한 말을 남겼다. 바로 맹자가 남긴 글을 읽고 그 정신을 이어서 말한 것이다. 백성들과 함께 즐기는 정도가 아니라 즐거움은 백성들보다 나중에 하고 걱정은 백성들보다 먼저 하는 것, 그것이 바로 통치자의 역할이라는 뜻이다. 그것을 맹자는 '천하로서 즐기고 천하로서 근심한다'고 표현했다. 맹자가 바란 왕자는 모름지기 천하의 근심을 자신의 근심으로 삼고 즐거움은 백성들에게 돌리는 사람이어야만 했다. 그렇게 할 때 천하의 백성들이 그 왕자의 걱정을 자기 걱정으로 여기고 그 왕자의 즐거움을 자신들의 즐거움으로 여길 것이다.

나라 한가운데의 함정

어느 날 제나라 선왕은 맹자에게 상기된 얼굴로 이렇게 물었다.

> 선왕: 문왕의 동산은 사방 칠십 리에 달했다고 하는데 그게 사실입니까?
>
> 맹자: 예. 전해오는 기록 중에 그런 이야기가 있습니다.
>
> 선왕: 아니, 그렇게 넓었습니까?
>
> 맹자: 백성들은 도리어 좁다고 생각했습니다.
>
> 선왕: 그래요? 그런데 제가 가진 동산은 겨우 사방 사십 리에 지나지 않는데 백성들이 너무 넓다고 여기는 것은 어째서입니까?

맹자: 문왕은 사방 칠십여 리에 달하는 방대한 규모의 사냥터를 소유하고 있었습니다만, 그 사냥터 안에 나무하러 가는 사람이나 풀 베러 가는 사람, 토끼 잡으러 가는 사람들이 마음대로 드나들 수 있었습니다. 백성들과 이익을 함께한 것이지요. 그러니 백성들이 좁다고 생각한 것이 당연한 것입니다. 그런데 지금 임금님의 사냥터에는 백성들이 들어갈 수 없을뿐더러 그 속에 있는 사슴을 죽인 자는 살인죄와 똑같이 처벌한다고 들었습니다. 이는 나라 한가운데에다 함정을 파놓은 격입니다. 백성들이 너무 넓다고 생각하는 것이 당연하지 않겠습니까.(「양혜왕하」)

임금의 사냥터에 있는 사슴을 죽이면 사람 죽인 죄와 똑같이 처벌한다니, 결국 사슴을 몰아 사람을 잡아먹는 격이나 다를 바 없다. 이러니 백성들이 제나라 선왕의 동산이 너무 넓다고 생각할 수밖에. 맹자는 백성들과 이익을 함께하지 않는 선왕 같은 사람은 왕자가 될 자격이 없다고 말한 것이다. 반대로 문왕은 선왕보다 훨씬 넓은 사냥터를 가졌지만 백성들의 칭송을 받았다. 아마 문왕의 백성들은 온 나라의 땅이 모두 문왕의 소유가 되길 바랐을 것이다. 문왕의 땅은 곧 백성들의 땅이나 진배없었기 때문이다.

천하의 모든 사람들이 부모처럼 떠받드는 임금

맹자는 제나라 선왕에게 이렇게 말했다.

> 맹자: 성실한 사람을 우대하고 능력 있는 이를 선발해야 합니다. 이렇게 해서 뛰어난 인재들이 벼슬자리에 있으면 천하의 선비들이 모두 기뻐하며 그 나라에서 벼슬하고 싶어할 것입니다. 또 시장 상인들에게 세금을 적게 걷으면 천하 상인들이 모두 임금님의 시장에 물건을 간직하고 싶어할 것입니다. 농사짓는 농부들에게 세금을 적게 걷으면 천하 농부들이 모두 임금님의 나라에서 농사를 짓고 싶어할 것입니다. 멀리서 찾아오는 사람들에게 세금을 매기지 않으면 천하 백성들이 모두 임금님의 백성들이 되고 싶어할 것입니다. 이 다섯 가지를 제대로 시행할 수 있다면 이웃 나라의 백성들이 모두 임금을 자신의 어버이와 같이 생각할 것입니다.(「공손추상」)

능력이 뛰어난 사람들을 선발해 일을 시킨다는 이야기야 어찌 맹자만 강조했겠는가. 누구나 다 그랬을 터다. 하지만 능력이 있고 없고는 상대적인 것이다. 곧 어느 사회나 비교에 의해 능력이 뛰어난지 아닌지 구분되기 마련이다. 곧 능력이 뛰어나다는 말은 '다른 사람보다' 능력이 뛰어나다는 뜻이다. 하지만 맹자가 성실한 사람을 우대해야 한다고 했을 때의 성실한 사람은 그런 상대적 비교를 전제하지 않는다. 곧 성실하다는 것은 꼭 다른 사람보다 성실하다는 뜻이 아니다. 성실한 사람은 다른 사람과 비교하지 않고도 성실하다. 곧 어떤 집단의 사람들은 모두가 성실할 수도 있고 또 모두가 불성실할 수도 있다. 그런데 만약 어떤 사람이 성실하게 일을 해도 먹고 살기가 힘들다면 그 사람 개인에게 문제가 있는 것이 아니라 그가 소속한 사회에 문제가 있다고 보아야 한다. 주변에 그런 사람이 있는지 눈여겨 살펴보자. 만약 주변에 성실하게 일하는데도 인간다운 삶을 누리기에 부족한 사람이 있다면 여러분이 소속한 사회에는 분명 문제가 있다. 성실한 사람이 잘사는 사회, 그것이 바로 맹자가 바라던 사회였다.

이어서 맹자는 국가에서 백성들에게 물리는 세금을 줄여야 한다고 주장했다. 당시 대부분의 제후국들은 백성들에게 소득의 10분의 2 이상을 세금으로 바치게 했는데 맹자는 그것을 10분의 1로 줄여야 한다고 주장했다. 그뿐 아니라 상인들에게 물리는 세금이나 여행자들에게 물리는 세금도 줄이거나 폐지해야 한다고 했다. 곧 국가 재용을 절약해 백성들을 풍족하게 하는 것이야말로 국가가 부강해지는 길임을 역설한 것이다. 그리고 이런 정책을 모두 시행할 수 있는 임금은 다른 나라 백성들까지 자신들의 임금으로 여긴다고 했다. 결국 맹자가 어진 사람은 천하에 적이 없다는 뜻으로 한 말인 '인자무적(仁者無敵)'에 해당하는 임금이다. 어진 사람에게는 천하 백성들이 적으로 여기기는커녕 자신들의 어버이로 여긴다고 한 것이 맹자의 이야기다.

그런데 당시 군주들 중에는 그처럼 어진 사람이 없었다. 도리어 자신들은 호의호식하면서도 백성들이 굶어 죽으면 모든 책임을 흉년 탓으로 돌리고 구휼할 생각을 하지 않았다. 그 때문에 맹자는 그들을 이렇게 비판했다.

> 맹자: 짐승들이 사람이 먹어야 할 식량을 먹는데도 제지할 줄 모르고 백성들이 죽으면 '나 때문이 아니라 흉년 탓이다'고 둘러대니 이것은 칼로 사람을 찔러 죽이고 나서 '내가 죽인 것이 아니라 칼이 죽였다'고 말하는 것과 같습니다. 왕께서 흉년을 탓하지 않으시면 천하의 모든 백성들이 이 나라로 찾아올 것입니다.(「양혜왕상」)

맹자는 이처럼 당시 임금들에게 백성들의 민생 문제를 해결하는 것이야말로 천하의 주인이 되는 길이라고 설득했다.

맹자, 시대의 한가운데에 서다

1 시가 사라진 세상

"『시경』의 시 삼백 편을 한 마디로 말하면 생각에 부정함이 없다고 할 수 있다." 이 말은 일찍이 맹자의 선배 공자가 『시경』에 나오는 시를 평가한 말이다. '생각에 부정함이 없다(思無邪)'는 말은 시인이 자신의 정서를 숨기거나 왜곡하는 일 없이 그대로 시에 담아냈다는 뜻으로, 『시경』의 시를 높이 평가한 말이면서 동시에 공자 스스로가 생각하는 올바른 시에 관한 견해라고 할 수 있다. 공자와 맹자는 모두 시(詩)와 서(書)를 중시했는데, 시는 지금부터 약 3,000년 전 주나라 초기의 시를 채집한 시집이고, 서는 중국 고대 왕조인 하, 은, 주 세 나라의 역사를 기록한 역사책이다. 말하자면 시는 문학이고 서는 역사를 가리키는 용어라고 이해할 수 있다. 공자와 맹자를 비롯한 모든 유가 철학자들은 문학과 역사를 중시했다는 점에서 반문화적 정책을 제시했던 법가의 사상가들과는 크게 달랐다. 법가의 사상가들은 훗날 진나라가 천하를 통일하자 시와 서를 모조리 불태워버렸다. 이유인즉슨 학자들이 시와 서를 익히면 옛것을 가지고 지금을 비판한다는 것이었다. 이 이유를 잘 음미해보면 시와 서가 어떤 역할을 했는지 알 수 있다. 시와 서는 현실 정치를 비판하는 정신을 지니고 있었다.

공자나 맹자가 문학과 역사를 중시한 것은 바로 이런 이유에서였다. 시는 현재 일을 말하고 서는 과거 일을 말하는 것이다. 결국 시에는 현재 일을 평가하는 내용이 들어가 있기 마련이고 서에는 과거 역사에 대한 평가가 들어가 있기 마련이다. 우리가 흔히 말하는 '역사 바로 세우기'는 과거 역사적 사실을 바로잡는다는 뜻도 있지만 그보다 더 중요한 것은 과거 역사에 대한 평가를 공정하게 내린다는 것이다. 공자도 그렇게 생각했기 때문에 『시경』을 편찬하고 『춘추(春秋)』라는 역사서를 편찬했다. 하지만 역사를 바로세우는 것보다 더더욱 중요한 것은 올바른 시를 쓰는 일이다. 곧 시를 쓰는 시인이 현실을 왜곡하거나 자신의 생각을 세상과 타협하지 않고 불평등한 현실을 그대로 시에 담아내는 것이다. 맹자 또한 시와 서를 모두 중시했는데 놀랍게도 그는 이렇게 말한 적이 있다.

> 맹자: 왕자의 자취가 사라지자 시가 없어졌고 시가 없어진 뒤에 춘추가 지어졌다.(「이루하」)

맹자가 시가 없어졌다고 말한 것은 실제 시라는 문학 장르가 없어졌다는 뜻이 아니다. 곧 당시 시인들이 더 이상 현실의 문제를 시에 담아내지 않았다는 뜻이다. 더 이상 현실을 말하지 않는 그런 시들은 맹자가 보기에 시가 아니었다. 그래서 맹자는 시가 없어졌다고까지 말한 것이다.

본래 중국 고대의 시는 훌륭한 정치를 베풀기 위한 수단으로 활용되었다. 왕자는 말할 것도 없이 왕도정치를 베푸는 훌륭한 임금을 말한다. 그런 임금이 천하를 다스릴 때에는 시가 중요한 역할을 한다. 예를 들어 어떤 제후가 정치를 잘하면 백성들이 그를 칭송하는 시를 지었다. 물론 반대로 정치가 나쁘면 백성들이 비난하는 시를 쓴다. 천하를 다스리는 왕자는 그런 백성들의 시를 채집한다. 그리고 그 시의 내용을 근거로 삼

『시경』의 「빈풍칠월」을 그린 조선 후기 이방운(李昉運, 1761-?)의 그림.
주나라 농민들이 농사와 길쌈에 종사하는 생활을 읊은 월령가이다.
출처: 국립중앙박물관

아서 승진을 시키기도 하고 직급을 낮추기도 하며 때로 제후
의 자리에서 쫓아내기도 한다.

이삭줍기를 노래한 시

그런데 시가 그런 역할을 하지 못하면 어떻게 될까? 만약

에 시인들이 그 나라 군주들의 구미에 맞춰 현실과는 전혀 다르게 군주를 칭송하는 아름다운 시만 쓰고 있으면 어떻게 될까? 더 이상 시가 사람들에게 읽히지 않는다. 그런 상황을 두고 맹자는 시가 죽었다고 표현한 것이다. 그러면 더 이상 시를 가지고 현실을 바로잡을 수 없을 것이고 사람들이 시를 읽지 않을 것이다. 시가 더 이상 현실을 말하지 않을 때 거기에 시의 무덤이 있다.

중국 고대의 시를 엮어 모은 『시경』에는 「대전(大田)」이라는 시가 있는데 그 시의 내용은 이렇다.

저기에는 수확하지 않은 벼가 있고 여기에는 거두지 않은 볏단이 있네
저기에는 버려진 볏짚이 있고 여기에는 거두지 않은 이삭이 있네
이는 모두 과부들의 이익이로다

이 시는 백성들이 경작해야 할 토지를 잃어버리고 이삭줍기를 통해 삶을 간신히 꾸려가고 있는 남편 잃은 과부들의 고단한 삶을 노래하고 있다. 마치 밀레의 그림 〈이삭줍기〉가 세 명의 여인이 이삭을 주워서 삶을 연명하는 힘든 상황을 그리

는 것처럼. 우리는 흔히 밀레의 그림을 전원 생활의 풍요로움과 농촌의 따뜻한 삶을 그린 것으로 착각하는 경우가 많지만 밀레의 그림은 결코 풍요나 희망을 그린 것이 아니라 오히려 절망과 슬픔, 고통을 그린 것이었다. 〈이삭줍기〉의 경우에도 배경에 그려진 대토지 소유자들의 수레에 실린 막대한 양의 수확물과 이삭을 주워 연명하는 가난한 사람들의 결코 어울릴 수 없는 대조적인 모습이 함께 그려진 그림이다.

또 유명한 밀레의 〈만종〉이라는 그림은 교회당 저녁 종소리를 들으며 농민 부부가 씨감자 바구니를 가운데 놓고 감사 기도를 드리는 모습을 그리는데, 그 때문에 농민 부부의 소박한 소망과 앞날에 대한 희망적인 느낌을 그린 그림으로 설명되곤 했다. 하지만 레이저 투시 기술로써 본래 만종의 초벌 그림에는 농민 부부 사이에 놓인 것이 씨감자 바구니가 아니라 어린 아기의 시체를 넣은 관이었다는 새로운 사실이 드러났다. 물론 살바도르 달리라는 초현실주의 작가는 그 사실이 밝혀지기 이전에 이미 밀레의 〈만종〉을 보고 평화나 안식을 느끼기보다는 고통과 불안, 슬픔과 절망을 느꼈다고 이야기한 적이 있었다. 결국 밀레의 작품이 명작으로 평가받는 이유는 현실에 눈을 감고 거짓으로 아름다운 모습을 그렸기 때문이 아니라 당시 농촌의 절망적 상황을 그림 속에 있는 그대로 담아냈기 때문이다. 만약 그렇지 않았다면 그 흔한 보리밭 그림처럼 이발소에나 걸렸을 것이다.

『시경』에 있는 시의 내용도 대부분 그런 정서가 담겨 있기 때문에 공자나 맹자 모두 시를 중시했다. 일찍이 우리나라의 철학자 정약용(丁若鏞, 1762~1836)은 이렇게 말한 적이 있다.

> 임금을 사랑하고 나라를 걱정하지 않은 것은 시가 아니며, 어지러운 시국을 가슴 아파하고 퇴폐한 습속을 통분히 여기지 않은 것은 시가 아니며, 진실을 찬미하고 허위를 풍자하며 선을 권하고 악을 징계하는 사상이 없으면 시가 아니다. 그러므로 뜻을 세우지 못하고 학식이 순정하지 못하며 큰 도를 알지 못하고 임금의 잘못을 바로잡으며 백성을 이롭게 하려는 마음이 없는 자는 시를 지을 수 없다.(『여유당전서』, 「기연아(寄淵兒)」)

정약용 또한 시가 현실을 떠나서 존재할 수 없다는 사실을 말한 것이다.

대장부: 시대의 한가운데에 서서 세상과 대결하는 사람

북궁유(北宮黝)는 자객이다. 그는 칼날이 피부를 뚫고 들어와도 몸을 움직여 피하지 않고 화살이 눈을 향해 날아와도 시선을 돌리지 않는 무시무시한 무사다. 그러고는 상대를 노려보며 "네놈이 어찌 나를 감당하겠는가?" 하고 일갈한다. 그러면 웬만한 상대는 그 자리에서 얼어붙는다. 그는 지목한 상대를 반드시 죽인다. 설혹 상대가 한 나라의 군주라 하더라도 그는 필부를 죽이는 것과 다름없이 태연하게 죽인다.

하지만 그런 북궁유를 굴복시킬 방법이 있다. 간단하다. 그보다 더 강한 상대를 찾아서 그에게 보내면 된다. 만약 더 강한 상대를 찾을 수 없다면 두 사람이나 더 많은 수의 사람을 보내면 된다. 북궁유의 자신감은 상대가 자기보다 약하다는 사실에 근거하기 때문이다.

그에 비해 맹사(孟舍)는 북궁유와 같은 무시무시한 힘은 없다. 하지만 한 번도 패한 적이 없다. 그는 북궁유와는 달리 자신이 항상 이길 수는 없다는 것을 잘 알고 있다. 자기보다 강한 상대가 있을 것이기 때문이다. 그러나 그는 이기지 못한다는 것을 잘 알면서도 일단 싸워야 할 상대를 피하지 않는다. 그 때문에 상대가 천 명, 만 명이라도 물러서지 않는다. 그보다 강한 자가 그를 죽일 수는 있지만 세상 어느 누구도 그를 굴복시킬 수는 없다. 그의 자신감은 북궁유와는 달리 두려워하지 않는 용기에서 나오기 때문이다. 그런 용기는 자신의 두려움을 다스림으로써 가능하다. 맹사는 가장 어려운 상대인 자기 자신과의

정약용

정약용(丁若鏞, 1762~1836)은 18세기 조선의 철학자이다. 기본적으로 유학자였지만 유학뿐 아니라 인문, 사회, 종교, 자연과학, 의학 등 거의 모든 분야를 넘나들며 당대 최고 수준의 지식을 저술로 남겼다. 정조에 의해 초계문신으로 발탁된 이후 측근의 지위에 오르지만 정조 사후 신유박해가 일어나 역모에 가담했다는 죄목으로 유배형에 처해져 18년 동안 유배 생활을 지낸다. 유학자로서 백성의 삶을 돌봐야 한다는 마음을 품고 있었지만 유배된 처지의 곤궁한 지식인이 할 일은 글쓰기 외에는 별로 없었다. 그 결과 그는 끊임없이 저술에 몰두했고 마침내 무려 500만 자가 넘는 분량의 저서를 남겼다. 유형원과 이익의 학문을 계승하고 발전시켜 실학의 집대성자로 평가받는다.

싸움에서 이긴 사람이다. 북궁유는 남을 이기는 데 뛰어난 무사이고 맹사는 자신을 이기는 데 뛰어난 용사다.

맹자는 북궁유와 맹사 같은 무사들에 관한 이야기를 하면서 북궁유를 공자의 제자인 자하(子夏)와 비슷하다 했고 맹사는 증자(曾子)와 비슷하다 했다. 자하는 공자의 모습과 말 속에서 진리를 찾았기 때문에 공자의 일거수일투족에 관심이 많았다. 하지만 증자는 자기자신에게서 공자가 말한 진리를 찾았기 때문에 공자의 외형을 따라가기보다 자기 반성을 중시한다. 맹자는 두 사람 중에서 누가 더 나은지는 분명하지 않다고 했지만 맥락을 따져보면 틀림없이 증자 쪽에 무게를 더 두었다. 맹자에 의하면 증자는 진나라나 초나라 왕이 높은 벼슬과 부유함

을 내세우면 자신은 인과 의를 내세울 것이므로 전혀 꿀릴 것
이 없다고 했다. 또 스스로 반성해보아서 올바르지 못하면 필
부도 두렵게 할 수 없지만 스스로 돌이켜보아 올바르다는 확신
이 있으면 비록 천 명, 만 명이라도 가서 대적할 것이라고 했다.
이는 맹자가 증자의 이야기를 전하는 것이지만 사실상 맹자 자
신이야말로 천만인이라도 두려워하지 않고 나아가는 사람이라
할 수 있다. 그는 스스로 그런 사람을 대장부라고 일컬었다.

　언젠가 맹자는 경춘(景春)이라는 당시 지식인과 이런 대화를
나눈 적이 있다.

　　경춘: 공손연이나 장의 같은 사람은 어찌 대장부가 아니겠습
　　니까? 그들이 한 번 노하면 제후들이 두려워하고 편안히 머물
　　면 천하가 조용합니다.
　　맹자: 그들이 어찌 대장부가 되겠습니까? 그들은 제후들이 시
　　키는 대로 따랐을 뿐이니 대장부라 할 수 없습니다. 모름지
　　기 대장부란 천하에서 가장 넓은 거처에 머물며 천하에서 가
　　장 올바른 자리에 서서 천하에서 가장 커다란 도를 실천하
　　는 사람입니다. 뜻을 얻어서는 만백성들과 함께 마땅한 도리
　　를 말미암고 뜻을 얻지 못하면 홀로 마땅한 도리를 실천합니
　　다.(「등문공하」)

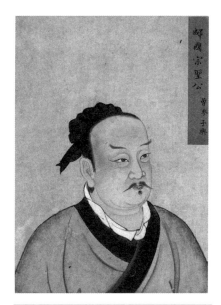

증자의 초상화. 원나라 때 제작된 『지성선현반신상』에 수록.
출처: 대만 국립고궁박물관

맹자가 말한 가장 넓은 곳이란 바로 인의(仁義)라는 거처를 말한다. 맹자는 인을 사람이 살아야 할 편안한 집이라 했고, 의를 사람이 걸어가야 할 올바른 길이라고 즐겨 비유했다. 맹자는 곧 천하에서 가장 넓은 집에 살면서 천하에서 가장 올바른 길을 걸어가며, 천하의 한가운데에 서서 온 천하의 사람들과 대결하는 사람을 대장부라고 표현한 것이다.

앞에서 경춘이 말한 공손연이나 장의 같은 사람들은 당시 이 나라 저 나라를 돌아다니면서 제후들을 설득해 다른 나라를 공격하게 하거나 국제 조약을 맺는 외교적 술수를 통해 자신의 이익을 챙긴 사람들이다. 물론 대부분의 사람들은 세 치 혀만으로 제후들을 설득해 높은 벼슬과 많은 재물을 얻는 사람들을 영웅시 했다. 그들의 전략을 흔히 합종연횡(合縱連橫)이라는 말로 표현한다. 요즘도 선거철만 다가오면 신문마다 합종연횡이라는 구절이 심심찮게 보인다. 게다가 한술 더 떠 물밑 교섭이나 합당 등 제멋대로 떠들어댄다. 하지만 합종연횡은 실상 역사적으로 고찰해보더라도 봉건의 산물일 뿐만 아니라 하급의 정치에 지나지 않는다. 좋은 정책을 통해 호소하지 않고 술수를 통해 세만 부풀리는 것이 합종이요 연횡이기 때문이다.

강대한 진나라를 두고 자국의 이익에 따라 춤을 추던 전국시대의 여섯 제후국은 합종도 해보고 연횡도 해봤지만 그 때문에 망한 것은 결국 그들 자신이었다. 맹자와 거의 동시대를 살았던 사람 중에는 합종책으로 유명한 소진(蘇秦)이라는 인물이 있었다. 소진은 당시 진나라를 제외한 제후들을 설득해 여섯 개의 나라가 진나라에 대항하는 합종을 완성하고 자신은 육국에서 공동으로 추대하는 재상이 된다. 얼마간은 합종책이 잘 유지된 것처럼 보였다. 그러나 소진이 죽고 난 뒤 제나라와 초나라가 잇달아 배신하면서 합종은 급격히 와해되기 시작했다. 실상 배신이랄 것도 없었다. 원래 작은 이익은 큰 이익 앞에선 힘을 발휘하지 못하기 때문이다.

원칙주의자 맹자

당시 중국의 외교 전략가들 중에는 소진이나 장의(張儀)처럼 전쟁을 일으키는 사람만 있었던 것은 아니다. 이를테면 송경(宋牼)처럼 전쟁을 하지 않도록 제후들을 설득했던 외교 전략가들도 있었다. 송경은 전국시대의 평화주의자로 유명한 인물이다. 평화주의자라는 점에서는 우리의 주인공인 맹자와 같은 생각을 가졌던 사람이라 할 수 있다. 그런데 그가 초나라로 가던 길에 석구라는 곳에서 맹자를 만났다. 맹자는 송경에게 왜 초나라에 가는지 물었다.

송경: 듣자 하니 진나라와 초나라가 서로 전쟁하려고 한다 합니다. 그래서 저는 우선 진나라 임금을 만나서 전쟁을 하지 않도록 설득할 생각입니다. 만약 진나라 임금이 제 말을 듣지 않으면 저는 다시 초나라 임금을 만나서 설득할 것입니다. 아마 두 나라 임금 중에서 제 뜻과 일치하는 사람을 만날 수 있을 것입니다.

소진

소진(蘇秦, ?~기원전 317)은 전국시대의 외교 전략가이다. 낙양 출신으로 장의와 함께 귀곡자에게 배웠다. 합종책의 창안자로 유명하다. 연나라 문후(文侯)를 만나 한, 위, 제, 초, 연, 조 여섯 나라가 힘을 합치면 강대한 진나라에 충분히 대항할 수 있다고 주장해 문후의 신임을 얻었다. 그리고 나머지 다섯 나라의 군주를 설득해 이른바 여섯 나라를 종으로 연합하는 합종을 체결했다. 이후 여섯 나라를 대표하는 재상이 되어 진나라에 대항하는 새로운 국제 질서를 형성했다. 합종 이후 진나라는 15년 동안 동쪽으로 진출하지 못했다.

맹자: 선생께서는 어떤 말로 그들을 설득하시려 합니까?

송경: 저는 전쟁을 하는 것이 두 나라에 모두 불리하다는 사실을 일깨워줄 것입니다.

맹자: 선생이 가진 뜻은 크다고 할 만하지만 선생이 내거는 구호는 옳지 않습니다. 왜냐하면 선생의 말을 따르면 진나라와 초나라는 두 나라의 군주가 자신들의 이익을 추구하기 위해 군사를 물리는 것입니다. 이처럼 사람들이 이익을 기준으로 행동하면 신하가 임금을 배반하고 자식이 아버지를 배반해 모든 인간관계가 끊어질 것입니다. 이렇게 하고서 왕 노릇 제대로 한 경우는 없습니다. 만약 선생께서 인의(仁義)를 가지고 두 나라 군주를 설득해 진나라와 초나라가 인의를 지키기 위해 군사를 물린다면 사람들이 인의를 기준으로 행동해 모

든 인간관계가 견고하게 유지될 것입니다. 이렇게 하고서 왕
도정치를 펴지 못한 경우는 없었습니다.(「고자하」)

얼핏 보면 송경의 주장에 아무런 문제점이 없는 듯한데 맹
자는 왜 송경이 내건 구호가 옳지 않다고 비판했을까? 바로
송경이 양나라 혜왕처럼 국가의 이익을 기준으로 두 나라 군
주에게 유세하려고 했기 때문이다. 우리는 흔히 '좋은 게 좋
은 거'라는 말을 자주 한다. 사실 너도 좋고 나도 좋다는 뜻
인데 그게 뭐 그리 나쁜 것이냐고 생각할 수도 있다. 하지만
좋은 게 좋은 거라는 말 속에는 네가 좋고 내가 좋으면 그만이
지 다른 사람들에게는 나빠도 상관없다는 뜻으로 쓰는 말이기
도 하다.

예를 들어 〈퀴즈쇼〉라는 영화의 주인공이었던 찰스 반 도
렌은 퀴즈쇼에서 연승 가도를 달려 엄청난 인기를 얻는다. 그
러던 중 방송국 관계자로부터 계속해서 이길 수 있도록 미리
문제를 알려주겠다는 제의를 받는다. 그가 양심의 가책으로 고
민하자 방송국 관계자는 이렇게 말했다. 당신은 스타가 되어서
좋고, 시청자는 스타 탄생을 보면서 대리 만족을 느껴서 좋고,
방송국은 시청률이 높아져서 좋으니 아무도 손해 보는 사람이
없다고.

극중 주인공은 결국 그 제의를 받아들이고 만다. 그의 행동이 옳은 것일까? 물론 그 사실은 나중에 그의 양심 고백으로 드러나고 그는 교사 자격을 박탈당한다. 만약 그가 끝까지 입을 다물었다면 자격 박탈이나 불명예스러운 비난을 피할 수도 있었을 것이다. 그렇다면 그의 양심 고백이 잘못된 행동이었을까?

맹자에게 물어보면 대답은 간단하다. 맹자는 앞서 양나라 혜왕을 만났을 때에도 이익을 기준으로 국가를 운영해서는 안 된다고 강조했다. 맹자는 이익을 기준으로 맺어진 인간관계는 또 다른 이익에 의해 쉽게 무너지는 반면, 인의라는 보편적 가치를 기준으로 맺어진 관계는 쉽사리 무너지지 않는다고 말했다. 맹자는 또 이렇게 말한 적이 있다.

> 맹자: 물고기 요리도 먹고 싶고 곰발바닥 요리도 먹고 싶지만 둘 다 먹을 수 없고 그중 한 가지를 선택해야 한다면 물고기를 포기하고 곰발바닥 요리를 선택해야 할 것입니다. 생명도 중요하고 도리를 지키는 것도 중요하지만 둘 다 지키기 어렵다면 생명을 버리고 도리를 지켜야 할 것입니다.(「고자상」)

물고기 요리도 맛있는 음식이고 곰발바닥 요리도 맛있는

음식이다. 둘 중에 어떤 것을 먹고 싶냐고 묻는다면 당연히 둘 다 먹고 싶다고 이야기할 것이다. 그런데 둘 다 먹지 못하고 한 가지만 선택해야 한다면 당연히 곰발바닥 요리를 선택하는 것이 좋다. 왜냐하면 곰발바닥 요리가 훨씬 귀한 음식이기 때문이다. 이처럼 음식을 먹을 때 더 귀한 음식을 선택하듯 행동을 할 때도 보다 가치 있는 것을 선택해야 한다는 것이 맹자의 주장이다. 그가 생각하기에 생명이 비록 중요하지만 먹는 음식으로 비유하자면 물고기 요리 정도의 가치에 해당하고, 올바른 도리를 지키는 것은 음식으로 치면 물고기 요리보다 훨씬 귀한 곰발바닥 요리에 비교할 만한 중요성을 가진다고 보았다. 그 때문에 목숨을 버리는 한이 있더라도 올바른 도리를 지켜야 한다고 주장한 것이다. 곧 올바른 도리를 지키는 것이 자신에게 이롭지 않다 하더라도 그것이 옳다면 실천해야 한다는 뜻이다. 옳고 그름의 문제는 이로우냐 아니냐의 판단보다 상위에 있다고 생각한 것이 맹자였기 때문이다.

물론 그런 생각을 가졌던 사람이 맹자만은 아니었다. 정약용은 이렇게 말한 적이 있다.

천하에는 두 가지 커다란 기준이 있다. 첫째는 옳고 그름이고, 둘째는 이로움과 해로움이다. 가장 좋은 것은 옳음과 이로움을 동시에 얻는 것이고, 그 다음은 이로움을 잃더라도 옳음을 얻는 것이고, 그 다음은 이로움을 얻는 대신 옳음을 잃어버리는 것이고, 맨 마지막이 옳음과 이로움을 모두 잃어버리는 것이다.(『여유당전서』, 「답연아(答淵兒)」)

정약용이 제시한 기준에 따라 판단한다면 맹자가 바라는 것은 잘되면 첫 번째 아니면 두 번째이고 송경의 주장은 기껏해야 세 번째가 되는 길이다. 그렇다면 맹자가 송경의 주장을 비판한 것이 무리는 아니다.

송나라 양공의 어진 마음

하지만 맹자가 살았던 시기의 사람들은 맹자처럼 원칙을 내세우는 사람들을 바보라고 손가락질했다. 특히 한비자(韓非子) 같은 사람들이 맹자와 같은 사람들의 생각을 이미 지나간 과거의 것이기 때문에 시대에 맞지 않는다고 비판했다. 이를테면 송나라의 어떤 사람이 우연히 그루터기에 걸린 토끼를 잡은 뒤, 같은 일이 또 일어날 것이라고 생각해 그루터기만 지키고 앉아 있었다는 수주대토(守株待兔)라는 고사도 그런 비판에서 나왔다. 또 송나라 양공처럼 전쟁에서 인의를 내세운다는 식으로 비판하기도 했다. 잠시 당시로서는 보기 드문 평화주의자 군주였던 송나라 양공의 이야기를 들어보자.

전국시대에 접어들면서 손자나 오자 같은 사람들은 병법을 자신의 무기로 삼았는데 그들은 병법이란 일종의 속임수라고 생각했다. 하지만 송나라 양공은 그렇게 생각하지 않았다. 한 번은 양공이 직접 군사를 이끌고 초나라 강병과 대치했다. 그런데 전장에 도착해보니 초나라 군사들이 막 강을 건너고 있었다. 그것을 본 목이라는 군사 고문이 양공에게 이렇게 권고했다.

"지금 초나라 군사들이 강을 건너고 있습니다. 지금 공격하면 쉽게 무찌를 수 있습니다."

하지만 양공은 군자는 남의 위급함을 틈타 승리를 취하지 않는다고 말하면서 듣지 않았다. 이윽고 초나라 군사들이 강을 건너왔다. 하지만 아직도 진법을 구축하지 못하고 우왕좌왕하고 있었다. 목이는 다시 한번 공격하자고 권고했지만 송양공은 역시 같은 말을 하며 초나라 군사들이 진법을 구축할 때까지 기다렸다.

마침내 초나라 군사들이 진을 구축하고 전열을 정비하자 서로 대치하던 양군은 교전에 돌입했고 철제 무기를 앞세운 초나라의 신무기 앞에 송나라 군대는 맥없이 참패하고 말았다.

이를 두고 사람들은 송나라 양공의 어진 마음씨라는 뜻인

한비자

한비자(韓非子, 기원전 280~233)는 전국시대 철학자이다. 상앙과 함께 법가의 대표
자로 꼽힌다. 한나라의 공족으로 이사와 함께 순자에게서 배웠다. 한나라 왕에게
부국강병을 위한 정책을 여러 차례 올렸으나 받아들여지지 않자 저술에 몰두했
다. 그의 저술을 읽은 진나라 왕이 그를 높이 평가해 진나라로 불려갔는데, 순자
의 동문이었던 이사의 음모에 휘말려 옥중에서 삶을 마감하였다. 순자의 성악설
을 계승해 인간은 본래 악한 존재이므로 강력한 법과 형벌로 통제해야 국가를 안
정적으로 통치할 수 있다고 주장했다.

송양지인(宋襄之仁)이라며 비웃었다. 어진 마음씨는 좋지만 쓸모
없다는 뜻에서 이렇게 부른 것이다. 하지만 사마천(司馬遷, 기원전
145?~91?)은 이를 높이 평가해 자신의 역사서에 송세가를 저술
했다.

공자가 활동했던 춘추시대까지만 해도 전쟁은 그리 참혹하
지 않았다. 가능하면 군사적 충돌을 피하고 외교 경로를 통해
국가 간 문제를 해결하는 것이 관례였고, 대화를 통해서 해결
하다 보니 당연히 좀 더 합리적 태도를 지니는 것이 유리했기
때문에 군사적 충돌은 그리 많지 않았다.

관중의 보좌를 받은 제환공이 제후들의 패자로 군림할 때
도 마찬가지였다. 군사를 동원하기는 했지만 실제로 무력을 사
용한 적은 별로 없었다. 명분을 따져 상대를 굴복시키는 방법

이 오히려 더 많았다. 전쟁을 할 때도 점잖게 서로 선전포고를 하는 것은 물론이고 도망치는 적을 악착같이 쫓아 섬멸하는 일도 없었다. 심지어 기습을 할 때도 모일 모시에 야습을 감행하려 하니 미리 준비하고 있으라는 식으로 미리 통보하기도 했다. 그런데 이렇게 점잖기만 했던 전쟁이 송나라 양공이 패한 뒤로 급작스럽게 변했다. 전쟁이 참혹해지기 시작했다. 전쟁의 룰이 없어졌기 때문이다.

현대의 전쟁은 더욱 참혹해졌다. 가장 현저한 차이는 민간인 대량 학살이 많아졌다는 점이다. 그 이전의 전쟁은 주로 군인과 군인의 전투였지만 제2차 세계대전부터는 상황이 달라졌다. 군인, 민간인을 막론하고 무차별 살상이 일어났다. 그 때문에 제2차 세계대전은 역사상 가장 많은 민간인이 희생된 전쟁으로 기록되었다. 이후 상황도 나아진 것이 없다. 냉전체제가 종식되고 세계에 평화가 찾아오는가 했더니 지역 분쟁이 격화되어 또다시 민간인이 대량으로 학살되고 있다. 보스니아와 르완다, 그리고 최근 러시아의 우크라이나 침공에서도 민간인희생자의 수가 날로 늘어나고 있다. 지금이야말로 어리석은 것처럼 보이는 송양공의 어진 마음씨, 아니 맹자의 원칙주의가 필요한 때가 아닐까?

2 용서받지 못한 자들

지금 시대의 군주들은 모두 죄인이다

왕도를 존중하고 패도를 천시했던 맹자는 당시 인물들 중 가장 죄 많은 사람은 손자나 오기 같은 장군들이라고 생각했다. 인명을 직접 살상하는 일을 진두지휘했던 이들과 같은 인물에 대해 맹자는 최고 형벌로 다스려야 한다고 주장했기 때문이다. 그리고 제후들 간 동맹을 결성하도록 유세하고 다니는 외교 전략가들은 그 다음의 형벌로 다스려야 한다고 목소리를 높였다. 하지만 당시 제후들 중 맹자의 이런 주장에 귀를 기울인 군주는 아무도 없었다. 오히려 손자나 오자 등의 군사 전략가나, 소진이나 장의 같은 외교 전략가들을 초빙해 그들의 힘으로 나라를 강대하게 만들려고 애를 썼다. 그래서 맹자는 그들을 모두 죄인들이라고 규정했다.

맹자는 중국 고대의 왕조 하·은·주의 삼대를 왕도정치가 베풀어졌던 시기로 규정하고, 삼왕(三王)이라고 일컬었다. 그러나 춘추시대 대표 군주였던 오패(五霸)는 입에 올리기도 부끄럽다 했다. 때문에 오패는 삼왕의 죄인이고, 당시의 제후들은 오패의 죄인이고, 당시 위정자들은 당시 제후의 죄인이라고 했다. 그 때문에 맹자는 제나라를 떠난 뒤로는 더 이상 제후들을 만나지 않고 그들을 비판했다. 하지만 제자들은 그런 맹자의 태도에 불만이 많았다. 그중 진대(陳代)라는 제자가 이렇게 말했다.

진대: 선생님께서 제후들을 만나보지 않으시는 것은 너무 작은 예절에 구애된 태도인 듯합니다. 지금 제후들을 만나서 함께 천하를 도모하실 경우, 잘하면 왕도정치를 이룰 수 있고 그렇지 못하더라도 패도정치를 이룰 수 있을 것입니다. 또 전해오는 기록에도 한 자를 구부려서 여덟 자를 편다고 했으니 한번 해볼 만한 일이라고 생각합니다.

맹자: 옛날 제나라 경공이 사냥을 나갔을 때 일이다. 대부를 부를 때 쓰는 깃발을 들고 산지기를 부르자 산지기가 가지 않았다. 임금이 불렀는데 오지 않았다는 이유로 그를 죽이려고 하자 산지기는 말하길 "대부를 부를 때 쓰는 깃발을 들고 부르길래 가지 않았습니다. 저를 부를 때는 가죽관으로 신호를 하셔야 합니다"고 했다. 이처럼 산지기도 자신을 부르는 도리가 마땅하지 않으면 가지 않았는데 선비가 되어서 임금이 마땅한 도리로 부르지 않는데 스스로 찾아갈 수 있겠느냐? 그리고 한 자를 구부려서 여덟 자를 편다고 한 말은 이익을 가지고 말한 것이다. 만약 이익을 기준으로 말한다면 여덟 자를 구부려 한 자를 편다고 해도 할 것이 아니겠느냐?

또 옛날 진나라 대부 조간자가 마부였던 왕량에게 폐해라는
자를 태우고 함께 짝이 되어 사냥하게 한 적이 있었는데 폐
해가 종일토록 한 마리도 잡지 못했다. 그러자 폐해는 왕량을
두고 천하에서 가장 형편없는 마부라고 비난했다. 왕량이 다
시 한 번 기회를 달라고 요청해 다시 사냥을 나갔는데, 이번
에는 하루 아침에 열 마리나 되는 짐승을 잡았다. 그러자 폐
해는 왕량이 천하에서 가장 뛰어난 마부라고 칭찬했다. 그래
서 조간자가 왕량으로 하여금 폐해의 전용 마부가 되라고 지
시하자 이번에는 왕량이 거절하면서 말하길 "제가 규칙을 지
키면서 말을 몰았더니 폐해는 종일토록 한 마리의 짐승도 잡
지 못했고, 규칙을 어기면서 말을 몰았더니 폐해가 하루아침
에 열 마리의 짐승을 잡았습니다. 저는 규칙을 어기는 소인배
를 위해 말을 몰고 싶지 않습니다"고 했다고 한다. 이처럼 말
을 모는 사람도 활쏘는 사람과 작당해 짐승을 많이 잡는 짓거
리를 하지 않았는데 선비가 되어서 마땅한 도리를 굽혀 제후
들을 따를 수 있겠는가. 게다가 자네가 크게 잘못 생각한 것
이 있다. 자신을 굽힌 사람은 절대 다른 사람을 올바르게 펼
수 없다는 사실을 알아야 할 것이다.(「등문공하」)

맹자는 여기서 폐해처럼 수단과 방법을 가리지 않고 짐승

만 많이 잡으면 된다는 결과지상주의를 비판하면서, 결과물의 많고 적음을 따지지 않고 의연하게 게임 규칙을 지킨 왕량(王良)을 높이 평가한다. 결국 맹자는 결과가 아무리 훌륭하다 하더라도 그런 결과가 부당한 수단을 정당화할 수 없다고 주장한다. 앞에서 살펴본 것처럼 맹자의 이런 정신은 당시 양혜왕 같은 군주들과의 대화나 송경 같은 선배 지식인, 그리고 제자들과의 대화 속에 한결 같은 모습으로 나타났다.

용서받지 못한 자들

동양 고전 중에는 맹자가 자주 인용하는 『시경』이라는 시집이 있다는 사실은 앞에서도 이야기한 적이 있다. 『시경』에는 「개풍」이라는 시가 있다. 이 시에는 위나라의 어떤 여자가 자식 일곱 명을 버리고 도망한 이야기가 나온다. 그 시의 작자는 버려진 일곱 명의 아이들이다. 그들은 시에서 이렇게 노래했다.

"자식 놈 일곱이, 그래, 어머니 마음 하나 위로하지 못했단 말인가."

자신들을 버리고 간 어머니를 원망할 줄 알았는데 그렇게 하지 않고 오히려 자신들이 잘못해 어머니가 집을 나갔다고 시에 쓰고 있다. 그것도 마치 남의 이야기를 하듯 무덤덤하게 말이다. 걸핏하면 자식을 버린 비정한 부모를 쉽게 비난하는 현대 우리들 정서로 볼 때 이해가 안 갈 정도로 관대하지 않은가? 하지만 맹자는 이 시를 인용하면서 이 시의 작자가 말하는 것처럼 자식을 버리고 도망간 여인을 용서해야 한다고 했다.

하지만 이처럼 관대한 맹자가 『시경』의 「소반」이라는 시에서 풍자하는 폭군 유왕에 대해서는 절대 너그럽지 않다. 이 시는 주나라 유왕이 포사라는 아름다운 여인에게 정신이 팔려 나라를 망친 내용을 표현하고 있다.

본래 유왕은 신후에게 장가들었는데 신후가 태자 의구를 낳았다. 그때까지 유왕은 훌륭한 정치를 펼쳤지만 포사를 후궁으로 맞아들인 뒤부터 실정을 저지르기 시작한다. 전설에 의하면 포사는 얼굴은 아름다웠지만 한 번도 웃는 일이 없었다고 한다. 유왕은 그녀가 웃는 모습을 보기 위해 온갖 수단을 강구했지만 실패하고 만다. 그러던 어느 날 천자국의 위급을 알리는 봉홧불이 잘못 올려져 사방에서 제후들이 군사들을 이끌고 황급히 천자국으로 모여들었다. 그러고는 봉홧불이 잘못 올려졌다는 사실을 알고 허탈한 모습으로 돌아가게 되었다. 그런데 웃지 않던 포사가 그 모습을 보고 크게 웃었다고 한다. 그러자 유왕은 포사가 웃는 모습을 보고 싶을 때마다 봉화를 올렸다. 그리고 포사를 총애해 본래 왕비였던 신후를 내치고 태자 의구를 폐하는 한편, 포사를 왕비로 높이고 포사가 낳은 백복이라는 아이를 태자로 책봉했다. 일이 이렇게 되자 신후의 아버지가 격분해 견융족을 끌고 쳐들어와 유왕을 공격했다. 유왕은 위급을 알리는 봉홧불을 올렸지만 여러 차례 속은 전력이 있던 제후들은 한 사람도 나타나지 않았다. 결국 유왕은 살해되고 이로 인해 서주는 멸망하고 말았다.

시 「소반」에는 본래 태자였던 의구가 아버지였던 유왕의 이 같은 실정을 원망하는 내용이 담겼는데 맹자는 그런 원망은 정당하다고 이야기했다. 맹자는 앞의 경우를 작은 원한이라고 했고 뒤의 원한을 큰 원한이라고 표현했는데, 작은 원한은 사적 원한이며 큰 원한은 공적 원한을 말한다. 그 때문에 맹자는 사적 원한은 포용하고, 공적 원한, 곧 나라를 망하게 해 천하 사람들의 원한을 산 통치자는 용서할 수 없다고 했다. 한 마디로 자식을 버린 부모는 용서해도 나라를 망친 통치자는 용서할 수 없다는 뜻이다.

용서할 수 없다면 어떻게 한다는 것일까? 맹자는 그런 상황이 되면 혁명이 일어난다고 보았다. 그 때문에 맹자는 혁명을 일으켜 새 나라를 세운 고대 임금들을 모두 성인으로 칭송했다. 대표적인 경우가 하나라를 멸망시키고 상나라를 세운 탕 임금과 상나라를 멸망시키고 주나라를 세운 무왕이다.

탕임금과 무왕의 분노

프랑스 정치가였던 레옹 블룸(Léon Blum)은 "인간의 가장 고귀한 감정은 저항에서 태어난다. 사회주의는 비참함, 실업, 추위, 배고픔과 같은 견딜 수 없는 광경이 성실한 가슴에 타오르는 연민과 분노와 만나 태어난다. 한쪽엔 호화, 사치가 있는가 하면 다른 쪽엔 궁핍이, 또 한쪽엔 견딜 수 없는 노동이 있는가 하면 다른 쪽엔 거만한 게으름이 있는, 이 터무니없고도 서글픈 대비에서 사회주의는 태어난다"고 말했다. 모름지기 성실한 정치가라면 자신의 이익을 위해서가 아니라 약자를 위해 행동해야 한다는 뜻이다. 마찬가지로 맹자는 당시 지배자들의 푸줏간이나 마구간에는 살찐 고기와 살찐 말이 가득한데도 백성들이 굶주려 죽은 현실을 보고 크게 분노했다. 오죽하면 짐승을 몰아다 사람을 잡아 먹는 정치라고 극언했겠는가? 그래서 그는 천하를 돌아다니면서 같은 분노를 가진 임금을 찾았다. 불행히도 맹자가 살았던 시대의 임금 중에는 그런 터무니없는 상황을 보고 분노할 줄 아는 임금을 찾기가 쉽지 않았다. 하지만 그 이전에는 백성들을 대신해 분노했던 임금이 있었다. 바로 탕임금이다.

맹자: 탕임금은 한번 노해 천하의 백성들을 바로잡았습니다.

무왕도 마찬가지였습니다.(「양혜왕하」)

탕임금은 본래 중국 고대 왕조인 하나라의 마지막 임금이었던 걸왕의 신하였다. 그런데 걸왕이 폭정을 저지르자 군사를 일으켜 걸왕을 죽이고 상이라는 새로운 나라를 세웠다. 전해오는 기록에 의하면 걸왕은 달기라는 여자의 말을 믿고 충신들을 죽이고 백성들을 학대했다고 한다. 달기라는 여자는 용모는 아름다웠지만 마음씨는 짐승만도 못해 불구덩이 위에 구리 기둥을 걸쳐놓고 충신들로 하여금 지나가게 한 사람이었다. 충신들이 미끄러져 불구덩이 속으로 떨어질 때마다 깔깔거리면서 좋아했다고 한다.

탕임금처럼 백성들을 학대하는 군주를 보고 분노했던 또 다른 임금이 있었다. 바로 탕임금의 후손이었던 상나라 마지막 임금인 주왕이 학정을 저지르자, 그를 죽이고 새로 주나라를 세운 무왕이다. 맹자에 의하면 주왕 한 명이 천하에 못된 짓을 저지르는 것을 무왕이 부끄러워했다고 한다. 그래서 무왕은 800명의 제후와 함께 맹진이라는 나루터를 건너 주왕을 쳐부수었다. 기록에 의하면 주왕은 왕자였던 비간이 자주 자신의 잘못을 지적하자 심장을 갈라 죽이는가 하면 현인이었던 기자를 가두고 충신들을 죽였다고 한다. 그것을 참다 못한 무왕이 주왕을 정벌해 그를 정벌했다고 한다. 맹자가 자주 인용하는 『서경』에는 그때의 일이 기록되어 있다. 무왕의 군대가 주왕을 정벌하자 주왕의 군사들이 자기들끼리 싸워서 흘린 피가 방패를 떠다니게 할 정도였다고 적혀 있다. 믿기 어려운 이야기이지만 어진 임금이 폭군을 정벌하면 폭군의 부하들과 친척들까지 폭군을 떠나 어진 사람을 따른다는 맹자의 말과 같은 기록이라고 할 수 있다.

상나라를 이긴 무왕은 갇혀 있던 상나라의 현인 기자를 풀어주고, 폭군 주에게 올바른 소리를 하다 목숨을 잃은 비간의 묘를 세워주고, 상나라 백성들로부터 존경받았던 상용이라는 사람이 살았던 마을을 지날 때마다 경의를 표시했다고 한다. 이처럼 무왕은 오랜 폭정에 시달린 상나라 백성들을 위로하는 데 적극적이었다고 적혀 있다. 정말 그랬다면 상나라 백성들은 자신들의 군주보다 더 낫다고 생각했을 법도 하다.

시대를 바꾼 혁명가들

탕임금이나 무왕은 그 이전의 요, 순, 우처럼 선양을 통해 왕이 된 것이 아니라 혁명을 통해 왕이 되었다. 꼭 요, 순, 우가 아니더라도 그 이전이나 이후의 왕들은 앞선 사람들의 양위나 혈통을 계승해 천자의 자리에 올랐다. 그런데 탕임금과 무왕은 전쟁을 일으켜 각각 하나라와 상나라를 쳐부수고 새로운 나라를 세워 왕이 되었다. 피를 본 것이다. 그러니 정통성에 심각한 문제점이 있을 수밖에 없다. 그래서 맹자의 선배였던 공자는 요, 순, 우 같은 제왕들은 극찬하면서도 상대적으로 탕임금이나 무왕에 대한 칭찬에는 인색했다. 그런데 공자와는 달리 맹자는 요, 순, 우보다 오히려 혁명을 일으킨 탕이나 무왕을 더 높였다. 왜 그랬을까?

중국 고대 역사를 기록한 『서경』에는 중훼지고(仲虺之誥)라는 글이 있고, 이 글에는 탕임금의 공덕을 칭송하는 내용이 나온다. 탕임금의 신하인 중훼는 탕이 백성들로부터 신임을 얻은 이유 일곱 가지를 열거하고 있다. 곧 탕임금은 여색을 가까이 하지 않았고, 이자 놀이를 하지 않았고, 덕이 훌륭한 사람에게 관직을 주었고, 공을 세운 사람에게 상을 주었고, 다른 사람의 장점을 자기의 장점으로 여겼고, 잘못을 고치는 데 인색하지 않았고, 너그럽고 백성들을 사랑하는 정치를 베풀었다고 했다. 여기서 두 번째로 거론한 조목이 '백성들을 상대로 이자 놀이를 하지 않았다'는 조목이다. 굳이 탕임금이 이자 놀이 하지 않았다고 명시한 것을 보면 탕임금에 의해 제거된 하나라 마지막 임금 걸왕은 이자 놀이를 했다는 것을 짐작할 수 있다. 결국 탕임금은 이 정책 하나로 중국 역사상 최초의 혁명에 성공한 것이다. 다른 조목은 한 마디로 인격이 아주아주 훌륭했다는 정도의 상투적 내용에 지나지 않는 말이기 때문이다. 그렇다면 그깟 이자 놀이가 뭔데 그걸 하느냐 마느냐에 따라 천하의 향배가 좌우되었을까?

일찍이 맹자는 이렇게 말한 적이 있다.

> 맹자: 백성들의 부모가 되어 백성들로 하여금 서로 흘겨보게 하고 일년 내내 고생스럽게 일하게 하면서도 부모를 모시지 못하게 할 뿐만 아니라 곡식을 꿔주면서까지 세금을 갚게 해서 늙은이와 어린아이들이 굶어 죽어 그들의 시신이 구덩이에 나뒹굴게 한다면 어디에서 백성들의 부모된 마음을 찾아볼 수 있겠습니까.(「등문공상」)

여기서 맹자가 곡식을 꿔줘서 세금을 갚게 한다는 말이 바로 이자 놀이를 의미한다. 백성들이 세금을 제대로 낼 형편이 못 되자 당시 위정자들은 곡식을 꿔주면서 세금을 내게 했다. 이런 정책이 시행되면 백성들은 굶어 죽게 되어 시체가 구덩이에 뒹굴게 된다는 뜻이다.

이러니 맹자가 자신이 살던 시대를 두고 "푸줏간에는 살진 고기가 가득하고 마구간에는 살진 말이 가득한데도 백성들의 얼굴에는 굶주린 기색이 역력하고 들판에는 굶어 죽은 시체가 늘려 있으니 이것은 짐승을 몰아다 사람을 잡아먹는 것"이라고 격렬하게 분노한 것도 당연하다.

백성들의 삶이 황폐해지면 가장 먼저 가정이 해체된다. 그렇게 되면 아이들이 버려진다. 흔히 그들을 비정한 부모요 짐승 같은 자들이라 비난하지만, 그들에게 죄를 묻는 것으로 그 사회가 저지른 씻을 수 없는 죄악을 가릴 수는 없다.

후한 말기 시인 왕찬(王粲)은 동탁의 학정으로 어지러워진 장안을 떠나는 도중에 어떤 여인이 갓난아이를 버리는 모습을 보고 「칠애시(七哀詩)」 중의 한 수를 지었다. 그중의 일부는 아래와 같다.

> 성문을 나서니 보이는 건 없고 백골만 평원에 뒹굴고 있네.
> 길가에 굶주린 여인이 안고 있던 자식을 풀숲에 버린다.
> 울음소리에 잠시 돌아보더니 눈물 흘리면서도 다시 오지 않는구나.
> 내 한 몸 죽을 곳도 알지 못하는데 어찌 둘 다 무사할 수 있겠느냐.
> 말 달려 그곳을 떠났으니 차마 그 말을 들을 수 없어서이다.
> (『소명문선』「칠애시」)

왕찬의 시 어디에도 자식을 버린 부모를 비난하는 내용은 보이지 않는다. 부모가 자식을 버릴 수밖에 없는 절박한 상황으로 그들을 내몬 위정자들의 잘못이라고 생각했기 때문이다.

정약용은 탕임금의 혁명을 논의한 「탕론(湯論)」이라는 글에서 유가를 자처하는 자들이 요임금이나 순임금의 선양은 칭찬하면서 탕임금이나 무왕의 혁명을 폄하하는 견해를 두고 "한철 사는 것들은 일 년의 길이를 알지 못한다"고 비판했다. 정약용 또한 맹자와 같은 견해를 가졌던 철학자였음을 알 수 있다.

나쁜 예는 예가 아니다

철학자 소크라테스가 했다고 알려진 악법도 법이라는 말을 한 번쯤은 들어보았을 터다. 사실 소크라테스의 말을 기록한 어떤 문헌에도 그런 말은 실려 있지 않다. 악법도 법이라는 말은 나쁜 법도 법이라는 말로 바꿀 수 있다. 그런데 사실 나쁜 법이란 말 속에 이미 그게 나쁜 것이라고 규정되어 있기 때문에 그게 법이냐 아니냐는 그다지 중요한 문제가 아니다. 그게 법이라면 더더욱 바꿔야 한다. 맹자에게 물어보면 어떤 대답이 돌아올까?

맹자는 일찍이 이렇게 말한 적이 있다.

맹자: 훌륭한 사람은 예의 정신에 어긋나는 예를 실행하지 않는다.(「이루하」)

맹자와 같은 유가 철학자들은 예를 법보다 더 중시했다. 하지만 그런 예도 완전할 수는 없다. 그 때문에 때로 예의 정신에 어긋나는 예가 만들어지기도 했다. 그런 경우 맹자는 단호하게 그런 예를 실행해서는 안 된다고 말한다. 법이라면 더 말할 필요도 없다.

예는 백성들의 삶에 대한 존중이 최상위에 놓인 가치다. 그 때문에 그는 이렇게 말한다.

맹자: 이루의 밝은 눈과 공수자의 뛰어난 기술로도 그림쇠와 곱자를 쓰지 아니하면 동그라미나 네모를 만들 수 없으며, 사광의 밝은 귀로도 육률의 규칙을 따르지 아니하면 음악을 조율할 수 없고, 요순의 정치도 백성들을 사랑하는 인정이 아니면 천하를 다스릴 수 없습니다. 지금 어진 마음씨와 어진 소문도 있는데 백성들이 은택을 입지 못해 후세에 본보기가 되기에 부족한 까닭은 선왕의 치도를 따르지 않기 때문입니다. 그 때문에 한갓 착한 마음만 가지고는 정치를 펼치기에 부족하며 한갓 법도만 가지고 백성들을 사랑하는 정치가 시행된

것도 아닙니다.(「이루상」)

맹자의 말은 제아무리 좋은 것이라 하더라도 그게 백성들을 사랑해야 한다는 원칙에 어긋나는 것이라면 좋은 것이 아니라는 뜻이다. 하물며 그것이 법이라면 더 말할 필요도 없다. 나쁜 법은 나쁜 것 중에서도 더욱 나쁜 것이다. 맹자는 계속해서 이렇게 이야기한다.

맹자: 오직 어진 사람만이 높은 자리에 있어야 할 것이니 불인한 사람이 높은 자리에 있으면 그 악을 여러 사람에게 뿌리는 격이 됩니다. 성곽이 완비되지 못하고 병기나 갑옷이 충분치 못한 것이 나라의 재앙이 아니며, 토지가 개간되지 않고 재물이 모이지 않는 것이 나라의 어려움이 아니라 윗사람이 예를 무시하고 아랫사람이 예를 배우지 아니하면 나라를 어지럽히는 도적이 일어날 것이니 그런 나라가 망하는 것은 시간 문제입니다. 군주 노릇을 제대로 하고 싶다면 군주의 도리를 다해야 할 것이고 신하 노릇을 제대로 하고 싶다면 신하의 도리를 다 해야 할 것입니다. 이 두 가지는 모두 요순을 본받아야 할 것이니 순이 요를 섬긴 도리로 임금을 섬기지 아니하면 그런 자는 임금을 공경하지 않는 자이고 요가 백성들을 다

스렸던 도리로 백성들을 다스리지 아니하면 그런 자는 백성들을 해치는 자입니다.(「이루상」)

이처럼 맹자는 요순의 정치를 당시 세상에 직접 구현하기 위해 노력했던 철학자다. 비록 성공하지는 못했지만 말이다. 우리나라의 조광조(趙光祖) 같은 학자도 "내 임금을 요순으로 만들고 내 백성을 요순의 백성들로 만들겠다"는 구호를 내걸고 개혁을 단행했다. 조광조의 개혁 정치도 결국 실패하고 말았지만 그는 후세 학자들로부터 계파를 초월해 존경받았다. 정의는 반드시 승리한다는 말과는 달리 올바른 일이 반드시 성공한다는 보장은 어디에도 없다. 하지만 정의로운 일은 성공할 수 있기 때문에 하는 것이 아니라 올바르기 때문에 하는 것이다.

목숨 바칠 가치가 있는 나라

맹자의 고향은 추(鄒)나라였다. 당시 추나라를 다스리던 임금은 목공(穆公)이었는데 이웃 노(魯)나라와 전쟁해 크게 패배했다. 그 이유는 백성들이 싸움에 참여하지 않았기 때문이다. 그래서 맹자에게 이렇게 자문을 구했다.

추목공: 얼마 전 노나라와의 전쟁에서 패해 싸우다 죽은 귀족

들이 서른세 명이나 됩니다. 그런데 백성들은 단 한 명도 죽지 않았습니다. 백성들을 죽이자니 이루 다 죽일 수 없고 그냥 두자니 자기 윗사람들이 죽는 것을 보기만 하고 구하지 않은 것이 미워 죽겠습니다. 어떻게 하는 것이 좋겠습니까?

맹자: 흉년이 들어 굶주리는 시절에 임금님의 백성들 중에서 늙은이와 어린아이들은 굶어 죽어서 시체가 구덩이에 뒹굴고 장성한 이들은 먹을 것을 찾아서 사방으로 간 사람이 몇 천 명인지 모릅니다. 당시 임금님의 재물 창고와 곡식 창고가 가득 차 있었는데도 관리들이 아무도 창고를 열어 백성들을 구제해야 한다고 아뢰지 않았습니다. 이는 윗사람이 자신이 해야 할 일을 태만히 해 아랫사람들을 죽인 것입니다. 증자께서 이르길 "경계하고 또 경계하라. 너에게서 나간 것은 너에게로 돌아온다"고 했습니다. 백성들이 지금에 이르러서야 보복할 수 있게 된 것이니 임금님은 백성들을 탓하지 마십시오. 임금님이 백성들을 사랑하는 정치를 펼치신다면 백성들이 자신의 윗사람을 친애해 그들을 위해 목숨을 바칠 것입니다.(「양혜왕하」)

목숨을 바쳐서 지킬 가치가 있는 나라를 만들면 백성들이 목숨을 바친다.

맹자가 등나라에 갔을 때 등나라의 임금이 이렇게 물었다.

등문공: 우리나라는 작은 나라입니다. 그런데 제나라와 초나라 같은 강대국 사이에 끼어 있습니다. 제나라를 섬겨야 할까요? 아니면 초나라를 섬겨야 할까요? 제나라와 가까이 지내자니 초나라가 싫어할까 두렵고 초나라와 가까이 지내려니 제나라가 싫어할까 두렵습니다. 또 두 나라는 모두 우리나라를 호시탐탐 노리고 있습니다. 어떻게 하면 좋을까요?

맹자: 그런 문제는 제가 잘 아는 분야가 아닙니다만 그래도 꼭 대답을 듣고 싶으시다면 한 가지 대책이 있습니다. 연못을 깊이 파고 성을 높이 쌓아서 백성들과 함께 나라를 지키되 죽는 한이 있더라도 백성들이 나라를 버리고 떠나지 않는다면 그런 일은 한번 해볼 만합니다.(「양혜왕하」)

외세에 의존해 나라를 지켜볼까 했던 등나라 임금이 생각을 바꾸었음은 말할 것도 없다. 맹자의 선배였던 공자도 일찍이 나라가 성립되기 위해 식량과 국방, 그리고 백성들의 통치자에 대한 신뢰가 필요하다고 했고 그중에서도 가장 중요한 것이 신뢰라고 했다. 나라가 자신들을 위해 존재한다는 신뢰야말로 식량이나 국방보다 앞서는 국가 성립의 가장 중요한 조건이라는 것이다. 만약 그런 신뢰가 없다면 백성들은 더 부자인 나라, 더 힘센 나라로 옮겨가면 그만이기 때문이다.

그런데 목숨을 아깝게 여기지 않을 정도로 백성들이 자포자기 상태에 이르면 백성들을 죽이겠다는 위협으로도 다스릴 수 없다. 노자가 "백성들이 죽음을 두려워하지 않으면 죽이겠다는 위협으로 백성들을 다스릴 수 없다"고 말한 것도 이런 의미에서다. 실제로 그래서 망한 나라가 있다. 바로 300여 년 동안 중국을 지배했던 강대한 원나라가 그렇게 멸망했다. 흑사병이 중국을 휩쓸었을 때 한족이 자기들을 다스리던 몽골족, 곧 원나라를 몰아낸 것은 어차피 죽은 목숨인데 저놈들부터 몰아내자고 나섰기 때문이다. 진시황제의 진나라가 망한 것도 같은 이유였다. 맨 처음 진나라에 반기를 들었던 진섭은 어차피 죽는 목숨 죽기밖에 더하겠느냐는 각오로 봉기했다. 그 봉기로 진나라는 망하고 말았다. 생각해보면 거의 모든 왕조가 그런 식으로 망했다. 한나라는 황건의 봉기로, 당나라는 황소의 봉기로, 명나라는 태평천국운동으로. 이름은 각기 다르지만 모두 자포자기한 백성들이 들고 일어난 농민 봉기였다.

아마 추나라 목공의 백성들도 그런 심정이었지 싶다. 그래서 전쟁이 일어나도 나라를 위해 싸우지 않았던 것이다. 만약 우리가 살고 있는 나라가 그런 상황에 처하면 어떻게 하겠는가? 아예 다른 나라로 이민을 가는 것도 방법이겠지만 그다지 현명하다고 볼 수는 없다. 힘센 나라, 부자 나라일수록 이민 조건이 까다롭기 때문이다. 맹자라면 어떻게 할까? 아마 이민 가는 것보다는 나라를 바꾸기 위해 노력할 것이다. 그것도 목숨을 바쳐 지킬 만한 가치가 있는 나라로 만들 때까지, 끝까지.

3 제나라 선왕의 측은지심

끌려가는 소를 보고

맹자는 탕임금이나 무왕처럼 도탄에 빠진 백성들을 불쌍히 여기고 폭군에 분노할 줄 아는 임금을 찾아 천하를 돌아다녔다. 그는 양나라, 제나라, 등나라, 설나라 등을 전전했지만 그중에서도 제나라 선왕에게 가장 크게 기대를 걸었다. 제나라 선왕은 왕도정치를 행할 수 있는 기본 자질, 곧 어진 마음씨를 갖췄다고 보았기 때문이다.

한번은 제나라 선왕이 맹자에게 자신 같은 사람도 왕도정치를 시행할 수 있겠느냐고 물어보았다. 그러자 맹자는 망설이지 않고 선왕은 왕도정치를 실행하기에 적합한 인물이라고 말한다. 그러자 선왕이 무엇을 근거로 그렇게 말하느냐고 물어본다. 그러자 맹자는 다른 신하에게서 들은 다음의 이야기를 해주면서 제나라 선왕에게 어진 마음씨가 있다는 사실을 확인해

준다. 그 이야기를 들어보자.

어느 날 제나라 선왕이 당상에 앉아 있었을 때 일이다. 그때 마침 당 아래로 제사의 희생으로 쓰일 희생소가 끌려가고 있었다. 그 소는 두려움에 벌벌 떨고 있었다. 그 모습을 본 선왕은 소를 끌고 가는 신하에게 이렇게 물었다.

선왕: 소를 어디로 끌고 가는가?
신하: 제사에 쓰려고 합니다.(「양혜왕상」)

제사에 쓰려면 소를 죽여야 한다. 그런데 선왕이 보기에 소는 자신이 곧 죽는다는 사실을 아는지 두려움에 후들후들 떨고 있었다.

선왕: 놓아주라. 나는 이 소가 벌벌 떨면서 끌려가는 모습을 차마 눈뜨고 보지 못하겠다.
신하: 그러면 제사를 그만둘까요?
선왕: 어찌 제사를 그만둘 수 있겠느냐. 양으로 바꿔서 쓰도록 하라.(「양혜왕상」)

이처럼 선왕은 벌벌 떨며 끌려가는 소를 보고 불쌍하다는 생각이 들자 신하에게 소 대신 양으로 바꾸라고 명령했다. 한 마리 소를 보고도 이처럼 측은지심이 일어났으니 맹자가 선왕을 두고 어진 마음씨를 가졌다고 판단한 것도 무리는 아니다.

하지만 대부분의 사람이 소를 양으로 바꾸라는 대목에 이르러 고개를 갸우뚱할 것이다. 소는 불쌍하고 양은 불쌍하지 않다는 말인가? 그 때문에 당시 제나라 백성들은 선왕이 쩨쩨해서 재물을 아끼기 위해 소를 죽이지 않고 대신 양을 죽이게 했다고 비난했다. 지금 사람들이 생각해봐도 마찬가지일 것이다. 하지만 맹자의 생각은 달랐다.

맹자는 위의 이야기를 선왕에게 하고는 백성들은 왕이 재물을 아껴서 소 대신 양을 쓰게 했다고 비난했지만 자신은 참으로 왕이 차마 하지 못하는 어진 마음 때문에 소를 놓아주게 한 것을 안다고 말했다. 그러자 선왕은 맹자의 말이 옳다고 하면서 이렇게 말했다.

선왕: 선생님의 말씀이 맞습니다. 제나라가 비록 좁다 하나 제가 어찌 소 한 마리를 아끼겠습니까? 저는 참으로 소가 벌벌 떨면서 사지로 나아가는 것이 불쌍해 그리 한 것입니다.(「양혜왕상」)

선왕은 자신의 마음을 알아주는 맹자가 고맙기 그지없었다. 그러자 맹자는 이렇게 물었다.

맹자: 백성들이 어찌 왕의 그런 마음을 알겠습니까? 왕께서 만약 소가 불쌍해 놓아주신 것이라면 양은 불쌍하지 않다는 말씀입니까? 백성들의 입장에서 보면 왕께서 작은 재물인 양으로 큰 재물인 소와 바꾼 것입니다. 그래서 왕이 인색하다고 생각한 것입니다. 하지만 죄 없이 죽는 것이 불쌍한 것으로 치자면 소와 양에 무슨 차이가 있겠습니까?(「양혜왕상」)

이 말에 선왕은 대답하지 못하고 이렇게 말한다.

선왕: 그것 참, 말씀을 듣고 보니 정말 그렇습니다. 제가 재물을 아껴서 그리 한 것이 아니지만 백성들이 저를 두고 쩨쩨한 사람이라고 오해하는 것도 이상할 것이 없군요. 도대체 뭐가 잘못 되어서 이리 된 것인지 모르겠습니다.(「양혜왕상」)

맹자는 선왕에게 이렇게 말한다.

맹자: 임금께서는 너무 속상해하지 마십시오. 소는 이미 보았

고 양은 아직 보지 못했기 때문입니다. 그러니 소를 보고 느낀 불쌍한 마음을 처리하기 위해 소를 놓아주라고 한 것은 올바른 행동입니다. 모름지기 군자는 짐승을 불쌍히 여기는 마음을 가지고 있기 때문에 짐승이 살아 있는 모습을 보고는 차마 죽는 모습을 보지 못하며, 죽어가면서 내지르는 슬픈 소리를 듣고 차마 그 고기를 먹지 못합니다. 그래서 군자는 푸줏간을 멀리합니다.(「양혜왕상」)

맹자의 대답은 간단하다. 불쌍한 소를 우선 놓아주는 것이 옳은 이유는 소는 보았고 양은 아직 보지 못했기 때문이다. 곧 양에게서 느낄 수 있는 불쌍한 마음은 아직 구체화되지 않았기 때문에 관념 속에 머물러 있는 상태였고, 소에게서 느끼는 불쌍한 마음은 이미 소를 보고 구체화되었기 때문에 슬퍼하는 감정으로 나타난 것이므로 양으로 소를 바꾼 것이 올바른 방법이란 뜻이다. 다른 존재에 대한 사랑은 기본적으로 이성이 아닌 일종의 감정에서 출발한다는 것을 이해한다면 맹자의 이 말을 좀더 쉽게 이해할 수 있다.

이 같은 이유로 맹자는 선왕이 한 마리 소를 불쌍히 여겨 놓아주게 한 것이 올바른 행동이라고 판단했다. 사실 대신 희생당하는 양도 불쌍하기는 마찬가지이고 또 양뿐만 아니라 다른 소도 불쌍하기는 마찬가지인데, 당장 눈앞에 있는 소 한 마리를 구한다고 해서 그런 상황이 크게 달라지지 않는다는 데 생각이 미치면 소 한 마리를 불쌍히 여겨 놓아주는 행동은 부질없는 일이라고 생각할 수 있다. 하지만 만약 이 세상의 모든 사람을 다 도와줄 수 없다는 이유로 당장 눈앞에서 도움을 필요로 하는 사람을 돕지 않는다면 어떻게 될까? 아마 세상에는 남을 돕는 사람이 아무도 없을 것이다.

짐승을 불쌍히 여기는 마음

맹자가 군자는 짐승을 불쌍히 여긴다는 말을 했는데 이 말은 훗날 여러 학자들에게 영향을 끼쳤다. 예를 들어 고려시대 문인이었던 이규보(李奎報)는 소고기를 먹지 않겠다는 맹세를 시로 지은 적이 있다. 또 퇴계 이황(李滉)과 함께 우리나라를 대표하는 대철학자로 손꼽히는 율곡 이이(李珥)는 평생 동안 소고기를 먹지 않았다고 한다. 소가 농사 지어준 곡식을 먹고 차마 소의 고기까지 먹을 수 없다고 생각했기 때문이다. 모두 맹자의 이 말에서 비롯된 반성의 결과였다.

맹자를 비롯한 전통 철학자들은 짐승을 잡아먹을 때 잡아먹더라도 키울 때는 정성껏 키우고, 예에 따라 제사에 쓰며 함부로 죽이지 않는 것이 '생명체라는 점에서는 같지만 종류가 다른 존재'에 대한 예의라고 했다. 사실 이처럼 전통적인 동물 사랑을 실천하는 사람들이 요즘에도 있다.

몇 년 전 발굽이 두 개인 가축들에게 치명적 질병인 구제역이 돌았을 때 이런 일이 있었다. 어느 축산 농가에 구제역에 걸린 소들이 생겨나자 시청에서 직원들이 나와 수십 마리의 소를 도축하려고 했다. 그냥 두면 다른 지역으로 전염돼 피해가 걷잡을 수 없기 때문이다. 그런데 그 축산 농가의 축산인은 하루만 말미를 달라고 요구했다고 한다. 시청 직원들이 왜 그러냐고 묻자 그는 이렇게 대답했다고 한다.

"우리 소는 평소에 제대로 먹이지도 못해 비루 말랐는데 오늘 하루만이라도 배불리 먹여주고 싶습니다."

그러자 시청 직원들은, "어차피 죽일 가축들인데 먹여줘봤자 뭐합니까? 그리고 어차피 잡아먹으려고 키웠던 가축들인데 불쌍하게 여길 필요가 있습니까?" 이렇게 말하지 않고, 요구대로 하루의 말미를 주었다. 전해 듣기로는 거기 있었던 사람들이 모두 눈시울을 적셨다고 한다. 동물 사랑에는 여러 가지가 있다. 동물을 사랑한다며 동물에 옷을 입히고 머리를 볶고 침대까지 함께 쓰다가, 어느 날 길거리에 내버리는 사람들은 이런 사랑을 이해하기 어려울 것이다.

소 한 마리는 불쌍한데

선왕: 선생님 말씀을 듣고 보니 제 마음이 뭉클해집니다. 그런데 이런 마음이 왕도정치와 무슨 상관이 있는지요?

맹자: 임금님처럼 소 한 마리를 불쌍히 여기는 이런 마음이 있다면 충분히 왕도정치를 베풀 수 있습니다. 저는 그래서 임금께서 왕도정치를 베풀 수 있다고 말씀드린 것입니다.(「양혜왕상」)

하지만 맹자는 이어서 다음과 같은 이야기를 한다.

맹자: 지금 임금님의 은혜가 소 한 마리에게까지 미칩니다. 그런데 그 공이 백성들에게 미치지 못하는 까닭은 무엇입니까? 결국 은혜를 베풀지 않기 때문이지 은혜를 베풀지 못하는 것이 아닙니다. 결국 지금 임금께서 왕도정치를 베풀지 못하는 것은 못하는 것이 아니라 안 하는 것입니다.(「양혜왕상」)

맹자는 선왕에게 소 한 마리를 불쌍히 여길 줄 아는 마음을 지니고 있다면 얼마든지 왕도정치를 펼칠 수 있다고 힘주어 말한다. 왕도정치란 앞에서도 말한 것처럼 백성들을 사랑하는 정치다. 그런데 사랑이란 어떤 대상을 측은히 여기는 마음에서 시작된다. 따라서 끌려가는 소를 불쌍히 여겼다는 점에서 맹자는 제나라 선왕도 왕도정치를 베풀기에 충분한 마음씨를 지니고 있다고 보았다. 다만 끌려가는 소를 보고서는 불쌍하다는 느낌을 지니면서도 백성들의 고통은 도외시하는 모순된 태도 때문에 왕도정치를 시행하지 못했던 것이다.

앞에서 말했듯이 전국시대의 백성들이 굶주렸던 이유는 먹을 식량이나 재물이 부족해서가 아니었다. 오히려 생산량은 그 이전 시기보다 수백 배 늘어났음에도 불구하고 백성들의 삶은 나아지기는커녕 생명을 부지하기도 어려운 처지에 빠졌다. 소 한 마리 끌려가는 것을 보고 가슴 아파할 줄 아는 선왕이 어찌 그런 짓을 저질렀을까? 예를 들어 마지막 잎새가 떨어지는 것을 가슴 아프게 여길 줄 아는 사람이 막상 사람이 죽어가는 데 아무런 슬픔을 느끼지 않는다면 그걸 정상이라고 할 수 있을까? 참으로 어이가 없는 이야기라 할 수 있다. 맹자는 그 이유를 사랑하는 마음을 미루어가지 못한 데서 찾았다.

맹자: 내 어버이를 어버이로 사랑함으로써 그 마음을 남의 어버이에게 미쳐가며, 내 아이를 아이로 사랑함으로써 그 마음을 남의 아이에게 미쳐갈 수 있다면 천하는 쉽게 다스릴 수

있을 것입니다. 은혜(사랑하는 마음)를 미루어갈 줄 알면 사해 안의 모든 사람을 사랑할 수 있고 은혜를 미루어가지 못하면 처자식도 사랑할 수 없습니다.(「양혜왕상」)

여기서 은혜를 미루어간다는 말은 사랑하는 마음을 확장한다는 뜻이다. 곧 자신의 어버이만을 사랑하거나 자신의 아이만을 사랑하는 데서 그치지 않고 그런 마음을 미루어 다른 사람의 어버이, 다른 사람의 아이까지 사랑하는 것이다. 그런데 맹자가 보기에 제나라 선왕이나 양나라 혜왕 같은 임금들은 사랑하는 마음을 확장하지 못한 사람들이다. 특히 양나라 혜왕 같은 사람은 사랑하는 마음을 확장해나가기는커녕 도리어 사랑하지 않는 마음을 확장해나간 사람이다. 그래서 맹자는 양나라 혜왕을 두고 이렇게 비판한 적이 있다.

맹자: 양나라 혜왕은 참으로 불인한 사람입니다. 어진 사람은 자기가 사랑하는 사람에 대한 마음을 아직 사랑하지 않는 사람에게 미루어가고, 어질지 못한 사람은 반대로 사랑하지 않는 대상에 대한 마음을 사랑하는 대상에 미루어갑니다. 그런데 양나라 혜왕은 영토를 넓히기 위해 백성들을 죽음으로 내몰면서 이웃 나라와 전쟁했다가 크게 패배했습니다. 그 뒤 다

시 전쟁을 일으켰는데 이번에는 이기지 못할까 두려워한 나머지 자신의 자식들을 전쟁터에 내보내 죽게 했습니다. 이것은 아직 사랑하지 않는 대상에 대한 마음을 사랑하는 대상에게 베푼 것입니다.(「진심하」)

양나라 혜왕은 좋은 마음을 미루어가지 못하고 나쁜 마음을 미루어갔다고 할 수 있다. 사랑을 거꾸로 실천한 것이다. 맹자는 그처럼 전도된 사랑을 보고 그를 불인한 사람으로 지목했다.

맹자를 비롯한 유가 철학자들은 오로지 자신의 처자식만을 사랑하는 행위를 사사로운 사랑이라고 표현한다. 사사로운 사랑도 겉으로 보기에는 사랑으로 보이기 때문에 참다운 사랑과 혼동하기 쉽다. 그러나 사사로운 사랑은 소유욕의 다른 표현이다. 이름은 사랑일지 몰라도 결국 소유욕과 다르지 않다. 상대를 소유물로 여기는 행위를 사랑이라고 할 수는 없지 않겠는가? 만약 양나라 혜왕이나 제나라 선왕이 맹자의 권고를 받아들여 사사로운 사랑을 넘어 백성들을 사랑하는 참다운 사랑으로 미루어갈 수 있었다면 아마 전국시대에 왕도정치가 실현되었을지도 모른다.

제나라 선왕의 세 가지 병

한번은 어쩐 일인지 제나라 선왕이 맹자에게 어떻게 하는 것이 왕도정치인지 스스로 물어본 적이 있다. 그때 맹자는 실제로 왕도정치를 베풀었던 임금으로 옛날 주나라 문왕을 들면서 그에게 주나라 문왕이 시행했던 인정을 시행하라고 권고했다. 문왕의 정책은 기본적으로 약자를 보호하는 데서 출발한다. 맹자의 이야기를 들어보자.

> 맹자: 옛날 문왕이 다스릴 때에는 농사짓는 사람에게는 세금을 10분의 1만 거두었고 나라로 들어오고 나가는 교외의 관문에서는 통행세를 거두지 않았으며 시장에서는 관리를 두어 상인들을 보살피기만 하고 세금을 많이 거두지 않았으며 연못이나 시내에서 물고기를 잡을 수 있게 허용했으며 죄지은 자는 당사자만 처벌하고 연좌하지 않았습니다. 게다가 늙어서 아내가 없는 홀아비와, 늙어서 남편 없는 과부, 늙어서 자식이 없는 외로운 사람, 어려서 부모를 잃은 고아, 그리고 병에 걸리거나 장애를 가진 사람들에게 먼저 혜택이 돌아가게 정치를 베풀었습니다. 그래서 문왕을 칭송하는 시에도 "부자들은 괜찮지만 이 외롭고 불쌍한 사람들이 가엾다"고 했습니다.(「양혜왕하」)

이처럼 맹자는 문왕이 인정을 시행할 때 항상 외로운 사람들과 병에 걸린 사람들을 우선시 했다고 강조했다. 홀아비와 과부, 고아, 늙어서 자식을 갖지 못한 외로운 사람들과 몹쓸 병에 걸려 스스로 노동할 수 없는 이들에 대한 따뜻한 배려가 있는 사회야말로 정의로운 사회임을 강조한 것이다.

맹자의 이야기를 들은 제나라 선왕은 크게 감탄했다.

선왕: 참으로 훌륭한 말씀입니다.

맹자: 왕께서 정말 훌륭하다고 생각하신다면 어찌하여 당장 왕도정치를 시행하지 않으십니까.(「양혜왕하」)

맹자가 기회를 놓치지 않고 따졌지만 왕은 어물거리며 엉뚱한 핑계를 댔다.

선왕: 저에게는 병이 있는데 저는 재물을 좋아합니다.

(「양혜왕하」)

선왕의 말인즉 자신은 재물을 좋아하기 때문에 문왕처럼 백성들에게 재물을 나누어주거나 불쌍한 사람을 도와주지 못한다는 뜻이다. 맹자는 이렇게 말했다.

맹자: 재물을 좋아하는 것도 나쁘지 않습니다. 옛날 공유라는 분이 재물을 좋아해서서 자기뿐만 아니라 백성들의 재물도 늘려주었습니다. 왕께서 만약 재물을 좋아하신다면 백성들과 함께 하십시오. 그렇다면 왕으로 천하를 다스리는 데 무슨 어려움이 있겠습니까.(「양혜왕하」)

이처럼 재물을 좋아한다는 핑계가 궁색해지자 선왕은 다른 핑계를 댔다.

선왕: 저에게는 또 다른 병이 있습니다. 저는 여자를 좋아합니다.

맹자: 그것도 나쁜 것이 아닙니다. 옛날 태왕은 호색해서 자신의 아내를 끔찍이 사랑했습니다. 그래서 그때는 온 나라에 홀아비나 과부가 없었으며 장가가지 못한 총각이나 시집가지 못한 처녀가 없었습니다. 임금님이 만약 여색을 좋아하신다면 그것을 백성들과 함께하십시오. 그러면 왕 노릇하는 데 아무 문제 될 것이 없습니다.(「양혜왕하」)

말문이 막힌 선왕은 이번에는 또 다른 핑계를 댔다.

선왕: 제게는 좀 더 심한 병이 있는데 저는 용맹을 좋아합니다.

맹자: 왕도정치 하는 데 용맹을 좋아하는 것이 문제가 되지는 않습니다. 다만 왕께서는 보다 큰 용맹을 가지십시오. 흔히 어리석은 자들이 칼을 쓰다듬으며 성난 눈으로 상대를 노려보며 "네까짓 놈이 어찌 나를 이길 수 있겠느냐?"고 하면서 큰 소리치는데 이런 용맹은 단지 한 사람을 상대할 수 있는 필부의 용맹에 지나지 않습니다. 임금께서는 용맹을 크게 가지시기 바랍니다. 『시경』에 이르길 "문왕이 크게 노하셔서 군대를 동원해 침략자들을 막아서 천하의 백성들에게 보답했다"고 했습니다. 이것은 문왕의 용기입니다. 문왕은 한 번 노하면 천하를 편안하게 하셨습니다. 또 『서경』에 이르길 "폭군이 천하를 어지럽히는 것을 무왕이 부끄럽게 여겼다"고 하니 이것이 무왕의 용기입니다. 무왕 또한 한번 노하면 천하를 편안하게 하셨습니다. 지금 임금께서도 또한 한번 노해 천하의 백성들을 편안하게 하신다면 백성들은 오히려 임금께서 용맹을 좋아하지 않을까 염려할 것입니다.(「양혜왕하」)

기껏 한 사람을 대적할 수 있는 필부의 용맹과 만인과 대적할 수 있는 커다란 용기는 어떤 차이가 있을까? 필부의 용기를 가졌던 대표적인 사람으로 유방(劉邦)과 함께 중국 천하를 놓고 다투었지만 결국 지고 말았던 항우를 들 수 있다. 유방은 평민 출신으로 세력이 약했고 항우(項羽)는 귀족 출신으로 세력이 막강했다. 그런데 유방은 어떻게 중국 천하를 차지해 한(漢)나라를 세울 수 있었을까? 역사가 사마천은 그 이유를 항우의 다음과 같은 과실에서 찾았다.

> 항우는 용기도 있고 어진 마음씨도 지니고 있다. 항우가 한번 질타하면 수많은 사람이 벌벌 떤다. 그러나 뛰어난 장수를 등용해 그를 믿고 군사를 맡기지 못하니 이는 필부의 용기에 지나지 않는다. 그가 사람을 대하는 태도는 공손할 뿐만 아니라 인정이 많고 말씨도 부드럽다. 사람이 병에 걸렸을 때는 흐느껴 울면서 자기가 먹을 음식을 나누어주기까지 한다. 하지만 그 사람이 공을 세워 마땅히 벼슬을 봉해주어야 할 때면 그것이 아까워 직인의 모서리가 닳아 없어질 때까지 손에 쥐고서는 차마 주지 못하니 이는 아녀자의 사랑에 지나지 않는다.(『사기』 「회음후열전」)

항우는 맹자가 말하는 대장부에 미치지 못하는 졸장부였음을 알 수 있다. 맹자의 말을 잘 음미해보면 진정한 용기는 힘에서 나오는 것이 아니라 덕에서 나오는 것이며, 진정한 사랑도

값싼 동정에서 나오는 것이 아니라 인간에 대한 존중에서 나온다는 사실을 알 수 있다.

나라가 제대로 다스려지지 않으면

어느 날 맹자가 제나라 선왕에게 이렇게 물었다.

> 맹자: 임금님의 신하 중에 처자식을 친구에게 부탁하고 초나라에 일 보러 간 자가 있었는데 돌아와보니 자기 처자식이 추위에 떨고 굶주리고 있었다면 그 친구를 어떻게 하는 것이 옳다고 생각하십니까?
>
> 선왕: 그런 친구라면 절교해야지요.
>
> 맹자: 그럼 재판관이 자기 부하들을 제대로 다스리지 못해 부정부패가 생기면 어떻게 해야 합니까?
>
> 선왕: 재판관을 그만 두게 해야지요.
>
> 맹자: 지금 제나라가 제대로 다스려지지 않고 있는데 어떻게 하면 좋겠습니까?
>
> 선왕: …….(「양혜왕하」)

앞의 예와 같이 대답하려면 선왕은 부득불 임금 자리를 내놓아야 한다. 하지만 그럴 수는 없다고 생각해서인지 제나라

선왕은 대답을 못하고 좌우의 신하들을 돌아보면서 다른 이야
기를 꺼냈다고 한다.

정전제: 땅을 고르게 나누어주어야 한다

맹자는 일찍이 백성들의 삶에 경제적 조건이 얼마나 중요
한지 그리고 그것이 도덕적 행위와 얼마나 밀접하게 관련돼
있는지를 두고 이렇게 말한 적이 있다.

> 맹자: 항산이 있으면 항심도 지니게 되지만 항산이 없으면 항
> 심도 따라서 없어지게 된다.(「등문공상」)

항산(恒産)은 먹고 살 수 있는 경제적 조건, 곧 일정한 생업
을 뜻한다. 또 항심(恒心)은 도덕심을 비롯한 일정한 마음이다.
곧 이 말은 백성들에게 일정한 생업을 보장해주어야 비로소
그런 토대 위에서 일정한 마음, 도덕심을 가지고 사회 규범을
지키라고 요구할 수 있다는 뜻이다. 일정한 생업이란 요즘 말
로 최저임금을 보장받을 수 있는 일이다.

맹자가 늘 강조하는 왕도정치는 덕을 지닌 왕자의 정치라
는 뜻으로 공자의 덕치 사상을 계승한 것이며 주나라 초기 문
왕의 정치로 대표되는 인정의 실천을 의미한다. 항산이 있으면

항심도 있게 되고 항산이 없으면 항심도 따라서 없어지게 된다는 주장은 생산 조건과 도덕심 유지의 상관관계를 명쾌하게 밝힌 것으로, 백성들이 자신이 처한 경제적 조건에 따라 도덕심을 발휘하기도 하고 그 반대로 움직이기도 한다는 점을 간파한 것이다. 맹자는 이런 논리를 바탕으로 제나라 선왕을 비롯한 당시 군주들에게 백성들의 일을 해치지 않고 보호하는 것이야말로 가장 중요한 정치적 목적이라고 강조함으로써 인정의 구체적 내용이 민생 구제에 있음을 분명히 했다.

그런데 이 같은 민생 구제는 농업에 종사하는 인구가 절대다수를 차지하는 당시의 상황을 고려할 때 농민들이 경작할 수 있는 토지가 확보돼야 가능하다. 그 때문에 맹자는 이른바 정전제(井田制)라는 토지 제도를 시행해야 한다고 주장했다. 정전제란 정사각형의 토지를 우물 정 자(井) 모양으로 나누어 아홉 구역으로 나눈 다음 여덟 구역은 여덟 가구에게 똑같이 나누어주고 가운데 한 구역은 공동으로 경작해 나라에 세금으로 바치게 하는 일종의 토지 공유화 정책이다. 그런데 이렇게 하려면 어려운 점이 있다. 우선 땅을 많이 가진 사람들이 땅을 내놓아야 하는데 순순히 내 놓을 리가 없기 때문이다. 불행히도 맹자에게는 그런 제도를 시행할 만한 기회가 주어지지 않았다. 그 때문에 백성들에게 토지 경작권을 골고루 나누어줄 수 있는 토지 공유화를 시행하지 못했다.

그런데 후세에는 간간이 그런 정책을 일시적으로나마 성공시킨 사람들이 나왔다. 당나라 태종은 직접 말 안 듣는 귀족들의 땅을 몰수해 백성들에게 나누어주기도 했다. 왕권을 위협하는 귀족들의 세력을 약화하는 한편 백성들의 삶을 풍요롭게 함으로써 왕권을 강화하는 일거양득의 효과를 노린 것이다. 또 송나라 왕안석은 당시 황제의 절대 지지를 받아 신법(新法)이라는 이름의 대대적인 토지개혁을 단행했다.

하지만 그런 식으로 토지를 골고루 분배했다 하더라도 세월이 흐르고 나면 부강한 자들에 의해 다시 토지가 일부 계층에 집중되는 현상이 일어난다. 불평등이 점차 심화되는 것이다. 요즘 어떤 정치인들은 이런 현상을 들어 땅을 고르게 나누어줘봤자, 얼마 지나면 또 대토지 소유자가 나타날 것임은 지나간 역사를 보면 뻔히 알 수 있는데 무엇 하러 그런 헛수고를 하냐고 말하기도 한다. 얼핏 역사적으로 타당한 이야기처럼 들린다. 그런 정치인들이 땅부자들의 하수인이거나 그들 스스로가 땅부자일지 모른다는 의심을 한 번도 해보지 않는다면 말이다. 자고로 모든 개혁은 토지를 개혁하는 데서 시작한다. 토지를 개혁하지 않고 입에 담는 개혁은 대부분 껍데기일 뿐 진정한 개혁일 수 없다.

4 맹자의 귀향

제나라를 떠나며

기원전 312년.

중국 제나라 남쪽 노나라의 국경 지역에서 멀지 않은 주(晝) 땅에 한 무리의 사람들이 나타났다.

백여 명을 헤아리는 행렬 맨 앞에는 여러 대의 수레가 있었다. 맨 앞의 수레에는 수레를 모는 젊은이와 유건을 쓰고 유복을 걸친 70세 가량의 노인이 중앙에 앉아 있었다. 그 왼쪽에는 그의 제자로 보이는 젊은이 또 한 사람이 앉아 있었다.

말고삐를 잡고 있는 젊은이의 이름은 충우(充虞)였고 노인 옆에 앉아 있는 젊은이의 이름은 공손추(公孫丑)였다.

한참 동안 비가 내리지 않은 길에서 붉은 흙먼지가 뽀얗게 일어났다. 충우는 한동안 생각에 잠겨 묵묵히 수레를 몰다가 뒤에 앉아 있던 자신의 선생에게 물었다.

"선생님, 제나라 임금과 뜻이 맞지 않으면 바로 떠나실 것이지 어찌하여 사흘 동안 국경 근처에서 머물다가 이제야 떠나십니까? 제가 들으니 윤사라는 자가 이르기를 '제나라 왕이 탕무 같은 성군이 될 수 없다는 것을 알지 못했다면 지혜롭지 못한 것이고, 안 된다는 것을 알고서도 찾아왔다면 은혜를 바란 것이다. 천리 길을 찾아와 왕을 만나보고 뜻이 맞지 않아서 떠나는데 어찌하여 국경에서 사흘 밤이나 묵는가. 어찌 이리 더딘가? 나는 맹자의 이런 행동이 마음에 들지 않는다'고 했습니다."

그 말을 듣고 선생은 잠시 허공을 쳐다보았다. 소리개 한 마리가 아까부터 행렬의 머리 위를 빙빙 돌고 있었다. 건너편에 있던 공손추가 걱정스러운 얼굴로 한 눈을 찔끔하며 눈치를 주었다. 충우는 속으로 움찔했다. 혹시 스승의 부아를 돋우는 소리를 한 건 아닌가 하는 후회가 슬며시 들었다. 충우는 스승을 쳐다보지도 못하고 공연히 채찍만 만지작거렸다. 한참을 허공에 새긴 동그라미를 따르던 선생의 눈길이 충우에게로 내려왔다.

"저 윤사가 어찌 내 마음을 알겠느냐? 천리 길을 찾아와 왕을 만난 것은 내가 바라서 그리 한 것이지만 뜻이 맞지 않아서 떠나는 것이 어찌 내가 바란 것이겠는가. 내 어쩔 수 없어 떠나는 것이다. 사흘 밤을 묵고 떠나지만 내 마음으로는 오히려 너무 빠른가 싶다. 나는 단지 왕이 잘못을 고치기를 바란 것이니 왕이 만약 잘못을 고친다면 반드시 나를 돌아오게 할 것이다. 사흘 밤을 묵고 떠나는데도 왕이 나를 쫓아오지 않으니 내 그것을 확인한 뒤에야 홀가분하게 떠날 뜻을 가진 것이다. 비록 그렇지만 내가 어찌 왕을 버린 것이겠느냐. 왕이 만약 나를 등용한다면 어찌 제 나라 백성만 편안하겠는가. 천하의 백성들이 모두 편안할 것이다. 그래서 왕이 잘못 고치기를 내가 날마다 바란 것이다. 내 어찌 소장부처럼 쩨쩨하게 굴겠느냐. 임금에게 간했다가 받아들이지 않는다고 발끈해 섭섭한 기색을 얼굴에 다 드러내고, 또 떠나게 되었다고 당장 그날 될 수 있는 한 멀리까지 간 뒤에 묵을 곳을 찾는 것은 속 좁은 자들이나 하는 일이다."

충우는 고개를 갸웃하고는 잠시 망설이더니 다시 고집스레 물었다.

"옛날 선생님께서는 군자는 하늘을 원망하지 않고 사람을 탓하지 않는다고 하셨는데 지금 보니 섭섭해하시는 기색이 역력합니다. 어째서 그때 하신 말씀과 달리 행동하시는지요."

선생은 '허허'하고 헛웃음을 지었다.

"그때는 그때고, 지금은 지금이다. 들어보거라. 지금까지의 역사를 살펴보면 오백 년마다 왕자가 천하에 나타났으며 그 사이에 반드시 세상을 책임질 만한 인물이 나타났다. 주나라 이래로 지금 이미 칠백여 년이 흘렀으니 햇수로 따져보면 이미 왕자가 나타날 때가 지났고, 지금 세상의 여러 조건을 가지고 살펴보면 왕자가 나타날 만한 시기이다. 그런데도 내가 아무 것도 할 수 없는 처지에 놓였으니 어찌 섭섭하지 않겠느냐?"

충우는 선생이 섭섭해하는 이유를 알 것도 같았지만 한편으로는 어찌하여 선생이 애초부터 벼슬길에 적극적이지 않았는지 이해가 되지 않았다. 두 해 전 일행이 제나라에 처음 당도했을 때 선생은 감기에 걸렸다는 핑계로 왕의 초빙을 거절하지 않았던가. 나중에 제나라 왕이 세 번이나 초빙한 뒤에 마지못해 조정으로 나아가 선왕과 만났을 때도 선생은 계속해서 동문서답만 하면서 뻣뻣하기 이를 데 없었다.

골똘히 생각에 잠겨 있던 충우는 옆에 앉아 있던 공손추가 묻는 말에 생각에서 깨어났다.

"선생님 벼슬하지 못하신 것이 그리 안타까우시다면 어찌하여 왕을 적극적으로 만나 벼슬을 구하지 않으셨습니까? 작년 이곳에 처음 왔을 때 선생께서는 왕을 만나려고 준비하시다가 막상 왕이 부르자 핑계를 대고 가지 않으셨잖습니까? 왕에게 그처럼 불경스러운 태도를 보이셨으니 제나라에서 등용되지 못한 것이 어쩌면 당연한 것이 아니겠습니까?"

선생은 빙그레 웃더니 이렇게 대답했다.

"허허. 장차 대업을 이룰 군주에게는 반드시 함부로 불러대지 못하는 신하가 있는 법이다. 상의할 일이 있으면 군주가 그를 찾아가서 만나야 하는 것이니, 덕 있는 사람을 존경하고 도를 즐기는 품성이 그 정도에 미치지 못하면 대업을 이루기에 부족하다. 지금 천하의 군주들이 차지한 영토의 크기도 비슷하고 덕도 비슷한 까닭은 다른 것이 없다. 모두 자신들이 가르치는 신하만 좋아하고 자신이 가르침을 받아야 할 신하를 좋아하지 않기 때문이다. 옛날 탕임금은 이윤에게 먼저 배운 뒤 나중에 그를 신하로 삼았기 때문에 힘들이지 않고 왕도를 이루었고 제나라 환공 역시 관중에게서 먼저 배운 뒤 나중에 그를 신하로 삼았기 때문에 힘들이지 않고 패업을 이루었다. 관중 같은 사람도 감히 오라 가라 부르지 못하는데 하물며 관중 정도는 본보기로 삼지 않고 낮추어 보는 사람이야 말해 무엇 하겠느냐."

이쯤해서 선생의 기세에 눌려버려 입을 다물어야 했지만, 공손추는 내친김에 평소에 이해가지 않던 부분을 오늘은 반드시 짚고 넘어가야겠다고 생각했다.

"선생님, 선생님의 도는 참으로 아름답고 높습니다만 너무 높아서 제자들이 따라가지 못할뿐더러 이 시대의 군주들이 맞추지 못합니다. 어찌하여 도를 조금 낮추어서 제자들이 쉽게 따르고 군주들이 쉽게 정치에 베풀 수 있게 하지 않으십니까?"

고집 센 공손추의 질문에 옆에 있던 충우는 공연히 가슴이 조마조마했다. 무슨 호통이라도 들을까 싶어서였다. 그러나 선생은 다만 소리만 조금 더 세졌을 뿐 전혀 감정의 요동이 없어 보였다.

"추야. 훌륭한 목수는 재능이 부족한 기술자 때문에 곱자나 그림쇠의 규칙을 바꾸지 않으며, 활 잘 쏘는 예가 잘 배우지 못하는 제자 때문에 활 당기는 비율을 바꾸지 않는 법이다."

공손추의 얼굴에 잠시 부끄러운 기색이 흘렀다. 선생은 다시 말했다.

"제자들아. 들어보거라. 요순으로부터 탕임금에 이르기까지 오백여 년이 흘렀으니 우나 고요는 그 도를 직접 보고 알았을 것이고 탕임금은 들어서 알았을 것이다. 탕으로부터 문왕에 이르기까지 오백여 년이 흘렀으니 이윤이나 래주는 직접 보고 알았을 것이고 문왕은 들어서 알았을 것이다. 문왕에서 공자에게 이르기까지 오백여 년이 흘렀으니 태공망이나 산의생 등은 직접 보고 알았을 것이고 공자는 들어서 알았을 것이다. 공자 이래로 지금까지 백여 년이 흘렀다. 성인의 시대와 이토록 가까운 적이 없었고 성인이 살았던 장소와 이보다 가까운 곳이 없었는데 아무도 공자의 도를 직접 보고 전하는 이가 없다. 그렇다면 앞으로 오백 년 뒤에 이 도를 전할 사람도 없겠구나. 그러니 내 어찌 안타까워하지 않을 수 있겠느냐. 하늘이 아직은 천하를 다스릴 생각이 없나 보다. 만약 천하를 다스리고자 한다면 지금 이 시대에 나를 놔두고 그 누가 있겠는가. 그렇다면 내가 또 뭘 섭섭해할 것이 있겠는가?"

말을 마친 선생은 눈을 들어 다시 허공을 올려다보았다. 소리개는 이미 사라져 보이지 않는데 어디선가 호로록 호로록 하는 까마귀 떼 소리가 들려오는 것 같았다.

미친 사람들에 대한 그리움

위의 이야기는 제나라에서 뜻을 이루지 못하고 떠나는 이 책의 주인공 맹자의 이야기를 『맹자』와 다른 문헌에 나오는 기록을 토대로 필자가 재구성한 것이다. 맹자의 선배였던 공자는 천하를 돌아다니다가 당시 중국의 남쪽 지역이었던 진나라 지역까지 갔다가 결국 자신을 알아주는 군주를 만나지 못하고 고향인 노나라로 돌아가면서 노나라의 미친 선비들을 그리워했는데, 그런 사람들을 미친 사람들이라는 뜻인 광자(狂士)라고 부르거나 미친 선비라는 뜻으로 광사라고 불렀다. 공자는 왜 자신의 인생에서 가장 어려운 시기를 보냈던 진나라에서 노나라의 미친 선비들인 광사들을 그리워했을까? 맹자와 그의 제자들까지 궁금해했던 주제다.

맹자 또한 제나라에서 자신의 뜻을 얻지 못하고 고향으로 돌아가게 되었는데 그때 제자 만장(萬章)이 '공자가 진나라에서 어찌하여 노나라의 광사를 그리워했는지'에 대해 묻는 대목이 나온다.

> 만장: 공자께서는 진나라에서 "돌아가자꾸나. 우리 고을의 어린 제자들은 한 곳에 미치거나 자신감이 넘쳐 세속적 가치를 넘어 삶을 추구하되 초심을 잊지 않는다"고 하셨습니다. 공자께서 진나라에 계시면서 어찌 노나라의 미친 선비들을 그리워하신 겁니까?(「진심하」)

제자 만장(萬章)의 질문에서 우리는 미친 사람, 미친 선비들이란 절대 현실과 타협하지 않는 사람들로 초심을 잃지 않고 죽을 때까지 '처음처럼' 살아가기 때문에 세상 사람들로부터 미쳤다는 소리를 듣는 사람들임을 알 수 있다. 맹자는 이렇게 대답한다.

> 맹자: 공자께서는 '중도를 실천하는 사람을 얻지 못하면 반드시 광자나 견자와 함께할 것'이라고 말씀하셨다. 이를테면 금장이나 증석, 목피 같은 사람을 광자, 곧 미친 사람들이라고 할 수 있다.(「진심하」)

맹자가 광자의 예로 든 사람인 금장(琴張), 증석(曾晳), 목피(牧皮)는 전혀 상식에 맞지 않는 행동을 한 사람들로 유명하다. 금장은 『장자』라는 문헌에 나오는 인물로 자상호, 맹자반과 막역한 친구 사이였는데 자상호가 죽자 슬퍼하기는커녕 맹자반과 함께 즐겁게 노래를 불렀다고 한다. 또 증석은 공자의 제자 증삼(曾參)의 아버지로 공자보다 열두 살이 어렸으며 부자가 함께 공자 문하에서 배웠던 사람이다. 그 또한 노나라의 계무자라는 사람이 죽자 그 집 문 앞에 기대어 노래를 부른 사람으로 기록되어 있다. 목피가 어떤 사람인지에 대해 알려진 바가 없지만 아마도 두 사람과 비슷한 행적이 있어서 맹자가 함께 거론했을 것이다. 비슷한 행적이란 곧 어떤 사람이 죽었을 때 노래를 부르는 상식에 맞지 않는 기행을 말한다. 고전에는 이와 비슷한 행적을 가진 사람들이 꽤 많이 나오며 앞의 두 사람 이외에 아내가 죽었을 때 노래한 장자도 그에 해당하는 사람이라 할 수 있다. 광자와 함께 등장하는 견자도 비슷한 사람이다. 광자가 뜻이 높은 사람이라면 견자는 고집 센 사람이라고 할 수 있다. 견자는 옳지 않은 일은 절대 하지 않는 원칙주의자다. 물론 광자든 견자든 둘 다 초심을 잃지 않고 '처음처럼' 사는 사람이라는 점에서 같다.

맹자는 또 이렇게 말했다.

맹자: 공자인들 어찌 중도를 실천하는 사람과 함께하고 싶지
않았겠느냐마는 반드시 얻는다고 확신할 수 없었기 때문에
그 다음을 생각하신 것이다.(「진심하」)

중도를 실천하는 사람은 군자를 말한다. 군자 또한 수양의
과정에 있는 사람이지만 여기서의 군자는 상대적으로 완성된
인격을 의미한다. 이 같은 군자와 비교할 때 광자, 또는 광사는
미완성의 인격일 수밖에 없기 때문에 맹자가 군자보다는 광자
가 못하다고 표현한 것이라 할 수 있다.

하지만 이 말만으로 공자나 맹자가 광자를 그리워하고 애
호했던 정서적 맥락을 이해하기는 어렵다. 왜냐하면 안 되는
줄 알면서 끝까지 포기하지 않았다는 점에서만은 공자나 맹자
는 누구보다도 철저한 광자였고 견자였기 때문이다. 공자가 천
하를 돌아다닐 때 당시 많은 지식인들은 공자처럼 세상과 맞
서 싸우기보다는 편안하게 은둔하는 길을 선택했다. 그러면서
공자를 두고 '안 되는 줄 알면서 억지로 하려는 철부지 지식
인' 정도로 취급했다. 심지어 나루터가 어딘지 물어보는 공자
의 일행에게 길도 가르쳐주지 않고 "온 천하가 모두 어지러운
데 그것을 누가 바꿀 수 있겠는가?" 하고 비웃기만 했던 장저
(長沮)나 걸익(桀溺) 같은 고약한 사람들도 있었다. 하지만 공자는

"바로 천하가 어지럽기 때문에 내가 바꾸려는 것"이라고 간단하게 대답한다.

　맹자도 마찬가지였다. 제나라에 오랫동안 머물렀던 맹자는 왕도정치를 실현할 가망이 없자 미련 없이 떠난다. 제나라 선왕이 많은 봉록을 주면서 맹자 아카데미를 설립해주겠다고 붙잡았는데도 말이다. 그는 적당하게 현실과 타협하면서 편안한 삶을 추구하지 않았을 뿐만 아니라, 안 되는 줄 알면서도 당시 사람들과 끝까지 맞서 싸웠다.

> 맹자: 부귀가 그를 어지럽힐 수 없고 가난이 그의 뜻을 꺾을 수 없으며 힘으로 그를 굴복시킬 수 없으니 이런 사람을 대장부라 일컫습니다. 옛사람들은 뜻을 얻으면 은혜가 백성들에게 미쳤고 뜻을 얻지 못하면 자기를 수양해 세상에 이름이 알려졌습니다. 곤궁하면 홀로 올바른 도리를 실천했고 영달하면 천하의 사람들과 선을 함께 실천했습니다.(「등문공하」,「진심상」)

　세상이 어지럽기 때문에 세상을 피해 산다는 핑계는 적어도 맹자 같은 사람에게는 통하지 않는다. 세상이 어지럽기 때문에 더더욱 세상을 떠나지 못한다. 물론 세상이 어지럽다고 같이 어지러워지지도 않는다.

　광자나 견자는 세상의 보통 사람들이 볼 때는 정상이 아닌 사람들이다. 하지만 프란츠 카프카가 '우리가 미치지 않았다는 것은 미쳤다는 것의 다른 한 표현일 뿐'이라고 한 말을 생각해 보면 누군가가 기준을 미리 정해놓고 그런 기준에 맞는 것을 정상이라 하고 그 기준에 맞지 않는 것을 미쳤다고 한다면 그것이야말로 정말 미쳤다고 할 수 있을 것이다. 그렇다면 세상의 기준과 달리 광자와 견자야말로 정상적인 사람이라 해야 할지 모른다.

3장

철학의 이정표

『한글 세대가 본 논어』
배병삼, 문학동네, 2002

가장 위대한 일상의 이야기, 공자의 『논어』

『논어』는 공자의 말과 행동을 기록한 일종의 언행록이다. 공자가 한 말이 제자들에 의해 입에서 입으로 전해지다가 제자의 제자 대에 이르러 비로소 문자로 기록된 것이 『논어』다. 공자는 『논어』를 읽어본 적이 없을뿐더러 스스로 자신이 한 말을 정리한 적도 없으니, 『논어』를 읽는 것은 성인으로 덧칠한 공자의 권위에 기대는 일과는 상관이 없다. 그렇지만 그 말이 수천 년이라는 시간의 벽을 넘어 지금까지 전해져왔다.

그런데 고전 중의 고전이라는 『논어』에는 막상 일상을 넘어서는 이야기가 거의 없다. 상식을 가진 대다수 사람들에게 그다지 새로울 것 없는 평범한 이야기로 가득한 책이 『논어』다. 배움의 기쁨을 담담하게 말하는 대목, 인간에 대한 사랑이 무엇이며 그것이 얼마나 중요한지 말하는 대목, 사람답게 살기 위해 어떻게 해야 하는지 말하는 대목에 이르기까지, 대부분의 이야기는 누구나 말할 수 있고 누구나 고개를 끄덕이는 내용이다. 하지만 이처럼 평범한 이야기가 동아시아 사회에 수천 년 동안 대다수 지식인들에게 전승되고 재해석되면서 삶의 중요한 문제를 결정하는 데 절대적 영향을 끼쳐왔다는 사실에서 새삼 일상의 힘이 얼마나 위대한지 확인할 수 있다.

중국 송나라 유학자였던 정이(程頤)는 "『논어』를 읽고 난 뒤에 전혀 변하지 않는 사람도 있고, 한두 구절 얻어 기뻐하는 사람도 있으며, 읽은 뒤 좋아할 줄 아는 이가 있고, 급기야 자신도 모르게 춤추는 이가 있다"고 했다. 『논어』를 읽는 사람이 새겨둘 말이다.

『맹자』와 함께 『논어』를 읽어야 하는 이유는 맹자가 스스로 공자의 계승자를 자처했기 때문이기도 하지만, 맹자 사상의 많은 부분이 공자의 사상을 발전시킨 측면이 있기 때문이다. 이를테면 공자는 명분론을 주장했고 맹자는 혁명론을 주장했기 때문에 상반된 정치론을 주장한 것처럼 보인다. 하지만 이 둘은 서로 다른 것이 아니다. 공자의 덕치론을 발전시킨 것이 맹자의 왕도정치론인 것처럼, 공자의 명분론을 발전시킨 것이 맹자의 혁명론이기 때문이다.

『묵자』
기세춘, 바이북스, 2021

일한 자는 쉬어야 한다, 묵적의 『묵자』

『묵자』의 저자인 묵적(墨翟)은 맹자보다 앞서 활동한 철학자로 수레 만드는 기술 노동자였다. 그 때문에 그는 인간과 다른 동물들의 차이점을 이야기하면서 노동의 중요성을 누구보다 강조했다. 사람은 본디 고라니, 사슴, 새, 버러지들과는 다른 존재로, 짐승들은 깃이나 털을 그대로 옷으로 삼고 물이나 풀을 그대로 먹을거리로 삼지만 사람은 이들과 달라서 노동력에 의지하는 자는 살아나갈 수 있고 그렇지 못한 자는 살아나갈 수 없다고 했다. 묵자가 생각하기에 사람은 노동을 통해 자연을 넘어서는 존재다. 사람이 사람인 이유는, 노동하는 존재이기 때문이다.

묵자가 살았던 시대에는 큰 나라는 작은 나라를, 큰 집안은 작은 집안을 공격했다. 강한 자는 약한 자를 겁탈하고 다수가 소수를 폭행하며 머리 좋은 자가 어리석은 자를 속이고 귀한 자가 천한 자를 업신여겼다. 묵자는 당시 이런 혼란은 모두 차별에서 생기는 일이며 차별이야말로 천하에서 가장 큰 해로움이 아닐 수 없다고 생각했다.

묵자는 일찍이 유학을 배웠지만 곧 떠났다. 유학자들은 그에게 먼저 자신의 어버이를 사랑하고 나서 다른 사람의 어버이를 사랑하고, 자신의 어린아이를 사랑하고 나서 다른 사람의 어린아이를 사랑하라고 가르쳤다. 하지만 그들의 사랑에는 그와 그의 동료들이 보이지 않았다. 그 때문에 묵자는 세상이 어지러워진 까닭은 사랑이 부족해서가 아니라 사랑이 차별적으로 베풀어지기 때문이라고 생각했다. 어지러운 세상을 넘어서기 위해 바로 그런 좁은 사랑을 넘어 모든 사람을 똑같이 사랑하는 넓은 사랑이 있어야 한다고 했다. 차별 없는 사랑, 겸애(兼愛)의 탄생이다.

묵자는 나라와 집안이 서로 공격하고 사람과 사람이 서로 해치며 임금과 신하가 서로 아끼지 않고 부모와 자식이 서로 사랑하지 않으며 형제간에 화목하지 않은 일은 서로 사랑하지 않기 때문이라 하겠지만, 사실은 사랑하지 않아서가 아니라 사랑을 고르게 베풀지 않기 때문에 일어난다고 주장했다.

그가 차별하지 않는다는 것은 가난한 자와 약한 자를 차별하지 않는다는 뜻이다. 묵자는 백성의 가장 큰 걱정은 굶주린 자가 먹지 못하는 것, 추위에 떠는 자가 입지 못하는 것, 수고롭게 일한 자가 쉬지 못하는 것이라고 했다. 그가 본 세상은 헐벗고 굶주리는 자와 일하는 자를 차별하는 세상이었던 것이다. 그러니 그가 말하는 겸애는 가난하고 굶주린 자와 일하는 자, 지친 자를 위한 사랑이다.

길 가는 사람을 내 부모와 똑같이 사랑하라는 묵자의 겸애론은 맹자의 거센 비판을 받았지만 역으로 맹자에게 커다란 영향을 미쳐 유가의 사랑이 친족에 머물지 않고 확장할 가능성을 열어주었다. 『맹자』와 함께 『묵자』를 읽어야 하는 이유다.

『도덕경』
노자, 현암사, 1995

은둔한 현자의 말 없는 가르침, 노자의『도덕경』

노자는 언제 태어나서 언제 세상을 떠났는지조차 알 수 없는 은자다. 전설에 따르면 노자는 자신의 나라를 떠나기 전에 5천여 자의 글을 남겼는데, 그게 바로『도덕경』이다. 이 책의 특징은 시대를 나타내는 말이나 사람 이름을 비롯한 고유명사가 전혀 보이지 않는다는 점이다. '누가', '언제', '어디서'가 빠져 있는 글이라는 말이다.

그만큼『도덕경』은 다양한 해석이 가능하다. 세계대전을 두 차례 겪었던 독일의 작가 브레히트는『도덕경』을 노자가 전하는 평화의 메시지로 읽었고, 2,000년 전 진나라에서 억울한 죽음을 당한 한비자는 험한 세상에서 살아남기 위한 처세술로 읽었다. 그래서『도덕경』을 읽을 때는 눈을 크게 떠야 한다.

노자는 만물을 쓸모 있는 것과 쓸모없는 것으로 나누는 인위적 기준을 거부한다는 점에서 일체의 차별에 반대하는 평등주의자다. 또 강함보다 부드러움을 강조하고 전쟁에 반대하는 반전 평화주의자이며, 인간이 만든 화려한 채색이나 아름다운 음악은 인간의 순수성을 상실케 하는 해로운 것들이라 비판한 문명 비판자이기도 하다.

하지만 "상대를 약하게 하고 싶다면 반드시 짐짓 강하게 해주고, 상대가 가진 것을 빼앗고 싶다면 반드시 일부러 주라"는 말에서 술수와 계략의 냄새가 나기도 한다. 또 '물러남'과 '부드러움'을 강조하지만 그런 태도의 결과가 항상 승리자로 표현된다는 사실도 지나쳐서는 안 된다. 예를 들어 노자는 "성인은 물러남으로써 앞서 나간다", "천지는 소유하지 않기 때문에 자신의 공을 이룬다", "부드러운 것이 강한 것을 이긴다"고 이야기한다. '물러남' '소유하지 않음' '부드러움'을 이야기하지만 결국에는 모두 '앞서 나가고' '공을 이루고' '이기는' 결과로 나타난다. 무욕을 이야기하면서 실은 더 큰 욕망을 이야기하고, 무소유를 이야기하면서 기실 모두 다 차지하는 소유의 극한을 말하는 것이다. 그 때문에 『도덕경』을 만물의 근원인 도에 관한 한가로운 사색이나 삶의 이치를 낭만적으로 이야기하는 책으로만 대하는 것은 옳지 않다. 오히려 어지럽고 위험

하기 짝이 없는 세상에서 적을 거꾸러뜨리고 나의 생존을 유지하기 위한 권모술수를 기록한 책으로 보는 것이 정확할 수도 있다. 한비자가 노자에 주목한 까닭은 바로 이런 이유에서다. 하지만 그렇다고 노자를 멀리할 필요는 없다. 같은 물을 소가 마시면 우유가 되고 뱀이 마시면 독이 되는 것처럼『도덕경』을 어떻게 읽느냐에 따라 노자의 말이 어둠의 술책이 될 수도 있고 삶을 밝히는 한줄기 빛이 될 수도 있기 때문이다.

맹자를 비롯한 유가 사상은 삶의 원칙과 행위의 규범을 확립함으로써, 당대의 혼란을 극복할 수 있다고 생각했지만 노자는 그런 원칙과 규범들은 어디까지나 상대적인 것이며 진리가될 수 없다고 주장한다. 이런 점에서 노자의『도덕경』은 맹자 사상의 한계를 들여다보는 데 도움이 된다.

『장자강의』
전호근, 동녘, 2015

소리 없는 음악과 끝나지 않는 이야기, 장주의 『장자』

『장자』는 철학 우화집이다. 장자는 맹자와 마찬가지로 전
쟁과 폭력의 시대를 살면서 자신이 하고 싶은 말을 하기 위해
우화를 창작했다. 그는 전쟁의 소용돌이 속에서 낮잠이나 자겠
다고 하고, 모든 사람이 이익이라는 하나의 목적을 향해 달려
갈 때 홀로 자유를 찾아 방황했다. 그는 백정이 소를 잡는 동작
에서 삶을 구원하는 이치를 찾고 가장 밑바닥에 있는 이들로
하여금 지고(至高)의 도를 말하게 한다. 온갖 시비와 차별을 가
차없이 부수어버리는 장자의 우화는 각종 은유와 상징으로 가
득하다. 이런 은유와 상징이 무엇을 가리키는지 간파하지 못하
면 『장자』를 이해하기 어렵다. 그렇다면 장자는 왜 이런 글쓰
기를 택했는가? 그 이유는 우화라는 게 본디 이렇게 해석할 수

도 있고, 저렇게 해석할 수도 있어서 정치적 박해로부터 비교적 안전하기 때문이다.

장자의 우화에는 사람뿐 아니라 여러 동식물이 주인공으로 등장한다. 구만 리 장천을 나는 붕새와 메추라기가 한 이야기에 등장하고, 까치와 오동나무가 도에 관한 이야기를 주고받는가 하면 수십만 년을 사는 거북이와 수백만 년을 사는 상고시대의 대춘나무가 등장한다. 또 꿈속의 꿈을 이야기하고 그림자의 그림자를 주인공으로 등장시키는가 하면 죽음이 삶과 같은 몸이라고 이야기하다가 급기야 아내가 죽자 노래를 부른다. 또 형용 불가능한 기형인들의 커다란 행복을 이야기하는가 하면, 나비의 꿈에서는 자신을 이야기의 주인공으로 등장시킨다.

장자는 이런 우화를 통해 우리에게 소리 없는 음악에 귀 기울이게 하고, 꿈속의 꿈과 그림자의 그림자를 불러내 우리를 커다란 깨어남으로 인도한다. 그러는 동안에 옳고 그름, 크고 작음, 아름다움과 추함, 온갖 시비와 차별의 경계가 무너져 하나가 되는 도의 세계로 한걸음씩 다가간다. 장자를 읽을 때는 모름지기 터무니없는 상상을 즐길 준비가 되어 있어야 한다. 『장자』는 끝나지 않는 이야기다.

맹자는 천하를 인의예지와 같은 도덕률을 확립함으로써 천하를 다스려야 한다고 강조했지만 장자는 그런 도덕률이 실은 지배 세력에 복무하는 이데올로기에 지나지 않는다고 비판했다. 그 때문에 『장자』는 『도덕경』과 마찬가지로 맹자를 포함한 동시대 다른 철학자들의 한계를 이해하고 비판하는 데 대단히 효과적인 책이다.

『순자』
순자, 한길사, 2006

선(善)은 우리가 만든 것이다, 순황의 『순자』

순자의 이름은 순황(荀況)이다. 그는 맹자와 같은 유가 학파에 속하지만 맹자를 가장 강하게 비판했던 철학자이기도 하다. 전국시대 조(趙)나라 속국 순(郇)에서 태어난 그는 한치 앞을 내다볼 수 없는 불안한 시대를 살면서 윤리가 파괴되고 공동체 질서가 붕괴되는 현실을 목도했다. 그는 사람의 힘은 소만 못하고 달리기는 말에 미치지 못하는데도 소와 말이 도리어 사람에게 부림을 당하는 까닭을 사람이 무리지어 서로 협력할 줄 아는 사회성을 가지기 때문이라고 주장했다. 인간이 인간다운 삶을 누릴 수 있는 이유는 공동체를 이루며 살아가는 능력에 있다고 봤던 것이다. 하지만 그 공동체가 바로 눈앞에서 무너져가고 있었다.

그는 맹자가 혼란의 원인을 밖에서 찾으며 인간의 본성은 본래 선하지만 밖에서 억압해오는 힘 때문에 어지러워진다는 주장을 부정하면서 고대의 아름다운 정치를 이야기하며 옛 질서를 회복하려 해서는 안 된다고 주장했다. 순자가 보기에 혼란의 원인은 인간 밖에 있는 것이 아니라 오히려 내부에 있었다. 공동체를 유지하는 데 필요한 질서를 무너뜨리는 가장 큰 원인은 인간의 악한 본성 때문이라는 것이다. 성악설의 탄생이다.

그는 선(善)은 인간 내부에 있는 것이 아니라, 공동체 생활을 누리면서 만들어낸 것이라고 생각했다. 그 또한 선의 기원을 인간 내부에서 찾으려 했지만 그가 목격한 것은 나면서부터 이익을 좋아해 다른 사람과 싸우고 양보하지 않는 인간이었다. 공동체를 위협하는 것은 하늘이나 귀신이 아니라 늘 인간 자신이었다. 현실의 인간 군상을 보면서 그는 인간의 본성을 두고 이렇게 이야기했다. 인간의 본성은 악하다. 인간은 태어나면서부터 이익을 좋아한다. 이 본성을 그대로 따르기 때문에 다툼이 생기고 사양하는 마음이 사라지는 것이다. 인간의 선행은 본성에서 비롯된 것이 아니라 스승의 가르침을 따른 데서 나온 것이다. 인간은 스승이 없으면 부정해지고 예의가 없으면 난폭해진다. 이제 사람들을 살펴보면 스승의 감화를 받고 학문을 쌓아 예의를 숭상하는 사람은 군자가 되고, 반대로 타고난 대로 하고 싶은 것만 하고 예의를 지키지 않으면 소인이 된다. 그러므로 인간의 본성은 악한 것이 분명하며, 선은 인간이 함께 살아가며 자신의 본성을 변화시킴으로써 얻은 것이다. 선은 인간이 만들어낸 것으로 하늘이 준 것이 아니라 부단한 배움과 수양의 결과물이라는 것이다.

인간의 본성에 관한 순자의 이 같은 주장은 맹자의 성선설과 정면으로 배치되지만 그 또한 공동체의 안녕을 위해 개인의 배움과 수양을 강조했다는 점에서 방향에서는 차이가 없다. 따라서 두 책을 함께 읽으면 인간의 본성과 공동체에 관해 보다 깊이 있는 이해가 가능할 것이다.

『열네 살에 읽는 사기열전』
사마천, 메멘토, 2013

한 사람 한 사람이 모두 역사의 주인공, 사마천의 『사기』

『사기』는 전쟁에서 패배한 장수 이릉을 옹호하다 궁형(宮刑)을 받고 치욕적 삶을 이어갔던 사마천이 기록한 총 130권 52만 6천여 자의 방대한 역사서다. 그런데 가장 많은 분량을 차지하는 「열전」의 기술 순서가 참으로 이상하다. 맨 앞에 굶어죽은 이가 서 있고, 돈을 벌어 치부한 부자들이 맨 뒤에 물러나 있기 때문이다. 그렇다고 사마천이 부의 중요성을 몰랐던 것은 아니다. 오히려 부가 인간의 삶에 꼭 필요하다고 힘주어 말했다. 하지만 인간의 삶에는 그보다 더 중요한 가치들이 헤아릴 수 없을 정도로 많다는 것이 그가 끝내 하고 싶었던 말이다. 이를테면 정의와 우정은 인간의 삶에서 가장 높은 자리에 있다. 열전 맨 앞에 놓인 「백이열전」은 정의를 위해 굶어죽은 사람에 관한 기록이고, 두 번째 편 「관중안영열전」은 참다운 우정을 이야기한다.

사마천은 역사를 움직여가는 주체를 개개의 인간으로 파악하고, 그것을 극명하게 부각시켰다. 『사기』에는 사상가와 웅변가·위인·호걸을 비롯해 문인이 있는가 하면 장군과 병법가가 있고, 유학자가 있는가 하면 자객이나 협객이 있고, 절의를 숭상했던 애국지사가 있는가 하면 나라를 망친 간신이나 작은 일에 목숨 거는 졸장부가 등장한다.

역사는 지배자나 뛰어난 장수 혹은 권력자 같은 주역만으로 이루어지는 것이 아니라, 무대 뒤편의 조연이나 힘없고 천한 자가 같이 어울려 형성하는 것이다. 사마천은 애초에 운명적으로 결정된 역사의 주역이 따로 있는 것은 아니며 등장하는 인물 한 사람 한 사람이 모두 역사의 주인공이라고 보았다.

그러므로 『사기』를 펼칠 때는 다양하게 생동하는 개개인의 삶에 주목해야 한다. 「관중안영열전」을 읽을 때는 관중이 아닌 포숙을 보아야 하고, 안영뿐 아니라 안영의 마부와 그 아내까지 눈여겨볼 필요가 있다. 물론 회음 후 한신에게 밥을 준 촌 할머니와 그를 자기 가랑이 밑으로 기어가게 한 동네 백정도 놓쳐서는 안 된다. 역사 속에서 자신의 이야기를 찾고 싶다면 말이다.

뿐만 아니라 『사기』에는 맹자를 포함해 비슷한 시기에 활동한 철학자들의 전기가 다수 실려 있다. 이들 전기는 춘추전국시대의 제자백가에 대한 가장 오래된 기록이며 동시에 가장 요긴한 자료이기 때문에 철학자들의 역사적 배경을 알기 위해서라도 함께 읽는 것이 좋다.

생애 연보

BC 372년	주 열왕 4년, 추나라(현 산동성 추현)에서 태어나다.
BC 358년	노나라에 가서 자사의 문인에게 수학하다.
BC 337년	추나라 및 노나라 등지에서 강학하며 이름이 널리 알려지다. 공손추, 조교, 등경 등이 제자가 되기를 요청하고, 제자 수가 수백 명에 이르다.
BC 335년	제나라에 가서 광장 등의 지식인과 교유하다.
BC 331년	제나라 평륙(현 산동성 문현, 제나라 수도 임치와 600리 떨어진 곳)에 머물다. 제나라의 재상이었던 저자와 교유하다.
BC 330년	추나라에서 임나라(현 산동성 제령시 일대)로 가서 임나라 군주의 아우 계임과 교유하다.
BC 326년	송나라에 가서 대부였던 대불승과 교유하다. 등나라 세자(훗날의 등나라 문공)가 송나라에 머물던 맹자를 찾아와서 만나다. 맹자, 성선설과 요순의 치도를 말해주다.
BC 325년	추나라에 머물면서 추나라 목공의 자문에 응하다.
BC 323년	송나라에서 설나라를 거쳐 노나라로 가다. 이 해에 등나라를 한 차례 방문하다.

BC 322년	등나라에서 문공의 자문에 응하다.
BC 320년	추나라에서 양(위)나라로 가서 양나라 혜왕을 만나다.
BC 319년	양나라 혜왕이 죽고, 양왕이 즉위하다. 양나라를 떠나 제나라로 가다.
BC 318년	제나라 선왕을 만나다. 등나라 문공이 죽자 제나라의 조문사절단으로 등나라에 가다.
BC 317년	맹자의 어머니, 별세하다. 제나라를 떠나 노나라로 가서 삼년상을 치르다.
BC 315년	제자 악정극의 소개로 노나라 평공을 만나기로 했으나 측근 신하였던 장창의 방해로 만나지 못하다.
BC 314년	제나라가 연나라를 침략하다. 맹자, 제나라 선왕에게 군대 철수를 요청했지만 받아들여지지 않다. 연나라가 반란을 일으키고 제나라 군대가 쫓겨나다. 맹자, 제나라에 출사하는 것을 포기하고 완전히 떠나다.
BC 312년	제나라를 떠나 송나라에 도착해 석구에서 지식인 송경과 만나서 이야기하다.
BC 311년	추나라로 돌아가다. 주유 생활을 마무리하고 제자 양성에 전념하다.
BC 289년	84세를 일기로 세상을 떠나다. 사기산 기슭에 묻히다.

참고 문헌

• 맹자,『맹자』, 박경환 옮김, 홍익출판사, 2005.

  맹자,『맹자강설』, 이기동 옮김, 성균관대학출판부, 1993.

  맹자,『맹자집주』, 성백효 옮김, 전통문화연구회, 2005.

  맹자,『한글맹자』, 이을호 옮김, 전남대학출판부, 1958.

• 김교빈 외,『동양철학은 물질문명의 대안인가』, 웅진출판, 1998.

  김교빈·이현구,『동양철학 에세이』, 동녘, 2006.

  김시천,『이기주의를 위한 변명』, 웅진씽크빅, 2006.

  김종옥·전호근,『공자 지하철을 타다』, 디딤돌, 2004.

  모리 미키사부로,『중국사상사』, 임병덕 옮김, 온누리, 1994.

  벤자민 슈월츠,『중국 고대 사상의 세계』, 나성 옮김, 살림, 2004.

  송영배,『제자백가의 사상』, 현음사, 1994.

  신영복,『강의(나의 동양고전 독법)』, 돌베개, 2004.

  유택화,『중국 고대 정치사상』, 노승현 옮김, 예문서원, 1994.

  이운구,『동아시아 비판 사상의 뿌리』, 길, 2004.

  전호근,『열네 살에 읽는 사기열전』, 메멘토, 2013.

  한국철학사상연구회,『우리들의 동양철학』, 동녘, 1997.

EBS 오늘 읽는 클래식
맹자—우리는 어떤 통치자를 원하는가

1판 1쇄 발행 2022년 6월 10일

지은이 전호근

펴낸이 김유열 | **지식콘텐츠센터장** 이주희
지식출판부장 박혜숙 | **지식출판부·기획** 장효순, 최재진
마케팅 최은영 | **인쇄** 여운성
북매니저 윤정아
책임편집 표선아 | **디자인** 정계수 | **일러스트** 최광렬 | **인쇄** 재능인쇄

펴낸곳 한국교육방송공사(EBS)
출판신고 2001년 1월 8일 제2017-000193호
주소 경기도 고양시 일산동구 한류월드로 281
대표전화 1588-1580 | **홈페이지** www.ebs.co.kr
이메일 ebs_books@ebs.co.kr

ISBN 978-89-547-9978-2 04100
     978-89-547-6188-8 (세트)

ⓒ 2022, 전호근